U0066474

瑞蘭國際

瑞蘭國際

布拉格歷險趣

Adventures in Praha

林小薰　著

推薦序

布拉格歷險趣推薦序

歡迎各位來到迷人的捷克共和國！

在一個偶然的機會，認識了本書的作者，得知她對捷克共和國的喜愛與深入了解。不時還會收到她從各地傳來的美麗風景照，熱烈地分享她的旅程，時常令我們驚喜不已。

終於，作者將她長期在捷克共和國遊歷的經驗與知識集結成書，如同當時與我們分享旅程的心情一般，將她的所知在此書中熱情地與各位讀者們分享。

本書將布拉格各主要區域分類編作不同段落，有系統地介紹了各地的概況與景點與歷史，並附有各景點的實用資訊及其相關小知識，另外加上作者的旅遊小叮嚀。相信對於準備前往捷克共和國旅遊的您來說將是一本既實用又不失精彩的導覽書。

最後，我誠摯希望各位在本書的陪伴下──在旅途中創造屬於自己的浪漫故事！

捷克旅遊局香港辦事處總監

Jan Urban

捷克旅遊局- Visit Czech Republic 中文臉書粉絲頁：
https://facebook.com/czechrepublic.chinese

推薦序

跟著達人旅捷克，走入歐洲最美麗的章節

小薰，深深為了捷克而著迷的台灣女子，若說她上輩子就是波西米亞人，大概沒有多少人會懷疑，十多年前匆匆一瞥，換來數十年情繫捷克國度深刻而細膩的情感，無數次飛來捷克穿越大街小巷，宛若追尋遺落的前世今生，這兒更像她另個熟悉的故鄉。

認識小薰的機緣，是透過一個捷克在地的台灣旅人，她一見我就馬上推崇小薰是個完全用心熱愛捷克的旅者，於是立馬加入網路上的社團，時常可以看到小薰用心分享捷克旅途點點滴滴的大小事，透過她的照片跟文字，彷彿像是飛回了數千公里外散步在老城砌牆中。

尤其小薰鏡頭下的捷克更是厲害，若不是對每個城市有深刻體悟，是無法拍出每一張都如此精彩絕倫的影像，時常默默心想這些文字真該變成一本書才對，不過出書豈是簡單的事，要經歷是多少破碎的記憶要集合編組。

不過很高興，小薰又克服了重重困難，再度使魔法文字與影像貼寫她最愛的捷克情人，跟一般的旅遊書最大不同點，她站在旅人的角度用心品味捷克城市的古往今來，宛若貼身導遊，祕密地跟你訴說城市裡老領路人的在地滋味，融合了景點、歷史跟貼心的經驗分享，適合背包、獨行或是一起自助出遊的人，讓你不只是經過捷克，更要你愛上這個神秘國度。

旅人作家

覲Cher

出版著作：《能不能，轉身就遠行》（三采；2015）、《自己，才是旅程的終點》（三采；2016）

作者序

如果這輩子只能去一個歐洲國家，那麼就來捷克吧！

我不確定現在拿著這本書的你，是否正看著這篇序？

十四年前，我認識了「捷克」，在經歷過多次跟團捷克旅行的複雜心情後，決定獨自追尋這位「捷克情人」。

我愛上了捷克！不只是景色，還有它的歷史與人文風情，我在空氣裡聽見捷克的呢喃與問候，發現自己的生命註定要與它有所關聯，每一次，在卡爾大橋上對著聖楊·內波穆克雕像許的願總是「希望我可以不斷地回到捷克！」，其實我不敢奢望可以永遠留在這裡……

捷克讓我生活充滿目標與理想，讓我展開自助的旅程、愛上自助，讓我瞭解自己人生的意義與價值。

你知道觀光客與旅人的區別嗎？觀光客像一群由牧羊人指引的可愛羊兒，他們跟隨牧羊人的腳步與引導，安全而天真的認知周圍、抵達綠洲；而旅人則像隻善於謀略而勇敢的獅子，他追隨自己的意志與經驗，尋覓廣闊未知、迎向精彩……無論你選擇成為哪一種，都將獲得不同的經歷。

你也許會問：「為什麼此書只寫布拉格？」，因為我想將每個負有歷史價值與意義的城鎮，深入細緻地介紹給你，捷克值得你這麼深刻地與她相識，除了布拉格，其他捷克美麗城市的深度著作也會陸續推出。

旅行捷克，就像走進「傑克與魔豆」的故事，你必須經歷一趟未知的旅程，去追尋所謂的真相。「完美旅行」的定義，不只是看到美麗的景色、走過知名的景點，而是你還能再認識美妙的人、歷練一場完整而真實的事物，即使一切不如你所預料與計劃的，哪怕旅程裡偶爾緊張與刺激，或許不是每位捷克人都很友善……好與壞都嚐透了，才是「完美」。

捷克是一把古老的風笛，在四季時光更迭中，彈奏著一首首颯爽的詩歌，迎著音符的你，不是一個旅人，而是一位不羈的吟遊詩人……

祝你有一趟無憾的旅程，無論你是自助、跟團、蜜月，或者神遊……

最後，謝謝你看完我的序，如果你喜歡這本書，我很期望你能讓我知曉，讓我知道我參與了你重要的旅行，因為對我而言，生命的意義就在於參與更多人的生命……

如何使用本書

QR CODE地圖

本書於各單元名稱（跟著玩家打卡逛景點、跟著玩家逛街購物去、跟著玩家上餐館嚐小食、玩家好眠住宿指南）右側，皆附有玩家為讀者貼心設計的QR CODE地圖，只要拿出手機掃一下，書中介紹的所有布拉格景點、商家、吃食及住宿地點，完整標示於地圖上（含中文翻譯）。在布拉格有玩家帶路，不迷路！

❶ 手機掃QR CODE

❷ 手機掃QR CODE進入此頁面。

❸ 書中所有景點清楚標示。

❹ 附各單元景點列表，只要動動指尖，想去哪就去哪！

關於商家

請注意，布拉格的一切總是在變化！

即使書中的所有商店、餐館都是玩家長期關注與光臨的，但總是會有無法預期的情況發生，因布拉格已成為熱門的觀光城市，在重要的區域裡，租金成本年年增加，許多堅持不將成本轉嫁到客人身上的店家，寧可搬遷出已經營很久的原址，而且這樣地搬遷並無預警，也不會貼出任何公告。

經常，很多玩家喜愛的店突然間消失得無影無蹤，這是令人遺憾的，若你發現書中任何店家已消失，請別感到意外，因為這只是經濟體系的一部份。

關於交通

布拉格的大眾運輸經常出現維修與更動，地鐵站近年歷經重大整頓，偶爾也會因突發情況短暫停駛；電車約每幾年須重新鋪設軌道，多數時間都在夏季整修，偶爾會以公車取代區段路線。當出現這些情況時，將會在當站貼公告標示，但不一定有英文的說明，其實有很多當地捷克人也是當場看到公告才知曉，更必須在當下思考如何轉乘。如遇到此情況，請不須過於擔憂，可請教周遭較為成熟莊重的當地人。

目 次

推薦序 捷克旅遊局 …… 2

推薦序 雪兒 …… 3

作者序 …… 4

如何使用本書 …… 6

一、歡迎來到捷克 15

（一）捷克友善名片 …… 16

（二）不讓你睡的捷克歷史 …… 18

（三）報告捷克國王、總統，我來了！ …… 22

（四）捷克旅行重要指南 …… 26

（五）捷克上菜，拒絕踩雷 …… 32

（六）在布拉格市中心搭乘地鐵與電車 …… 35

二、神奇布拉格第一站：舊城區、猶太區 39

（一）跟著玩家打卡逛景點 …… 42

- 舊城廣場 42
- 舊市政廳、天文鐘、遊客資訊服務中心 44
- 分鐘之屋 48
- 提恩教堂 49
- 金斯基宮 51
- 火藥塔 52

✿ 市政大樓 52
✿ 巴黎街 54
✿ 猶太區 55
✿ 聖尼古拉斯教堂 57
✿ 克拉姆葛拉斯宮 59
✿ 克萊門特建築群 60
✿ 史麥塔納博物館 62

（二）跟著玩家逛街購物去 …… 64

✿ 哈維爾・自由市集 64
✿ 小房子生活自然鋪 65
✿ 施華洛世奇水晶 67
✿ 童話股份有限木製玩具店 68
✿ 菠丹妮 68
✿ 造型家飾店 69
✿ 手工繡字棉品鋪 70

（三）跟著玩家嚐小食、上餐館 …… 71

✿ 鄉村生活蔬食餐館 71
✿ 50年代實境美國風格餐館 73
✿ 溫馨村落手工麵包坊 74
✿ 紅色胖貓餐館 75
✿ 金蛇狂舞 76

（四）玩家好眠住宿指南 …… 77

✿ 我的家公寓 77
✿ 藍玫瑰飯店 77
✿ 典雅浪漫老布拉格酒店 78

三、神奇布拉格第二站：卡爾大橋、小城區 79

（一）跟著玩家打卡逛景點 …… 82
- 卡爾大橋（查理大橋） 82
- 聖楊內波穆克雕像 85
- 聖尼古拉斯教堂 86
- 聶魯達瓦街 88
- 華倫斯坦宮 89
- 勝利聖母教堂 91
- 佩崔山丘 93
- 佩崔瞭望塔（小巴黎鐵塔） 95

（二）跟著玩家逛街購物去 …… 96
- 波西米亞水晶 96
- 禮品之家 98
- 陶器之家 99
- 昆蟲木偶之家 100
- 木偶木偶 101

（三）跟著玩家嚐小食、上餐館 …… 102
- 買朵玫瑰浪漫舔下肚「以愛為名」 102
- 超值午餐時光「修道院之屋」 103
- 走進北歐風情的「三隻鹿」 104
- 薑餅博物館 105
- 閒情逸緻巧克力店「布拉格巧克力」 107
- 七隻蟑螂 108

（四）玩家好眠住宿指南 ………… 109

- 典雅安靜的河岸旅館「康帕」 109
- 復古設計旅館「薩克斯」 109
- 一進玄關就小尖叫的「威廉旅館」 110

四、神奇布拉格第三站：城堡區 111

（一）跟著玩家打卡逛景點 ………… 114

1. 上城堡區 114

- 斯特拉霍夫修道院、聖母升天教堂、斯特拉霍夫圖書館 114
- 蘿莉塔教會 117

2. 下城堡區 118

①第一庭院 121

②第二庭院 123

- 聖十字教堂 124
- 柯爾噴泉 124
- 城堡畫廊 125

③第三庭院 126

- 聖維特大教堂 126
- 舊皇宮 131
- 火藥塔 134
- 布拉格城堡故事展 134
- 聖喬治教堂、聖喬治修道院 135
- 羅森伯格宮 137
- 黃金小巷 137
- 玩具博物館 139
- 布拉格城堡花園 140

（二）跟著玩家逛街購物去 …… 141
❦ 喵喵藝廊 141
❦ 木馬之家 142
❦ 新左岸帽包坊 144

（三）跟著玩家上餐館、喝咖啡 …… 145
❦ 悠閒的梅爾文咖啡 145
❦ 西茶屋 146
❦ 掛著大鞋的鞋匠餐館 147
❦ 木偶戲劇化咖啡餐館「懸掛咖啡・劇院的延續」 148

（四）玩家好眠住宿指南 …… 151
❦ 教堂旅館 151
❦ 鹿法庭旅館 152
❦ 溫馨情懷「童話民宿」 152

五、神奇布拉格第四站：新城區 153

（一）跟著玩家打卡逛景點 …… 156
❦ 瓦茨拉夫廣場（新城廣場） 156
❦ 聖瓦茨拉夫紀念碑 158
❦ 國家博物館（主館） 159
❦ 國家歌劇院 161
❦ 慕夏博物館 162
❦ 國家大劇院 163
❦ 積木博物館 164
❦ 新市政廳 165
❦ 德弗札克博物館 166
❦ 跳舞房子 167

（二）跟著玩家逛街購物去 …… 170
❦ 非去不可購物商場 170
❦ 不唸巴塔的「巴查鞋」 171
❦ 全捷克最大的玩具店「哈姆雷」 172
❦ 繽紛逗趣生活創意家 174
❦ 搖滾小巨星服飾店 175

（三）跟著玩家跟著玩家喝咖啡、嚐點心、上餐館 ………… 176

- ✿ 繽紛美味大對絕的「法國大道BB」 176
- ✿ 來自法國的烘焙美味明星「保羅」 178
- ✿ 我需要咖啡！角落咖啡坊 179
- ✿ 溫馨幽默的「魔鬼餐館」 180

（四）玩家好眠住宿指南 ………………………………………… 183

- ✿ 時尚新穎伽利略旅館 183
- ✿ 近新城廣場的清新公寓 183
- ✿ 交通絕佳便利的青年旅館 184

六、布拉格加碼，好盡興活動指南 185

（一）布拉格藝術、音樂表演 ………………………………… 186

（二）布拉格郊區一日遊（City Tour） …………………… 195

（三）布拉格另類創意活動（Special Tour） …………… 199

「一個人從旅行中得到多少不在於他去過多少美麗的地方，而在於他在一個地方發現了多少美麗的故事。」

——阿蘭．德波頓（Alain de Botton）

歡迎來到捷克

Vítejte v Česko

捷克友善名片

捷克共和國，正式名稱為Česká Republika，統稱為捷克（Česko），歐盟會員國之一，位處於中歐內陸國家，擁有四季典型交替的溫帶氣候。歷史上，古捷克國土由波西米亞、摩拉維亞、西里西亞地區所組成，現今的捷克國土則為波西米亞（東、西、南、北、中部）、摩拉維亞（南、北部），國土面積為78,866公里，西邊接壤德國（邊長810公里），北邊接壤波蘭（邊長762公里），東邊接壤斯洛伐克（邊長252公里），南邊接壤奧地利（邊長466公里），有六條河流（易北河、伏爾塔瓦河、摩拉瓦河、塔亞河、奧得河、奧帕瓦河）分布於全國。

行政上，捷克領土分為八個區域十四個自治地區，首都是布拉格（Praha），根據2016年資料顯示，捷克人口記錄約為10,572,427人。

捷克位置圖

捷克國旗、國徽介紹

國旗

捷克國旗由藍、白、紅三色組成，這三個顏色是斯拉夫民族喜歡的傳統顏色，而古波西米亞王國代表顏色為紅、白兩色。

白色代表神聖和純潔，象徵著人民對和平與光明的追求；紅色代表勇敢和不畏困難的精神，象徵著人民為國家的獨立解放和繁榮富強所奉獻的鮮血、取得的勝利；藍色則是摩拉維亞地區和斯洛伐克省徽的顏色。

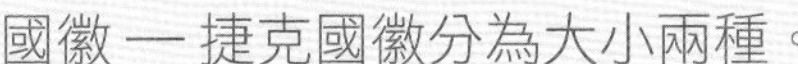

國徽 — 捷克國徽分為大小兩種。

小國徽為單盾形，紅色盾面上有一頭戴著金皇冠、舞動金爪、兩尾交錯的白獅，這個圖形最早出現在十三世紀。

大國徽為方盾形，盾面透露出捷克如史詩般的歷史淵源與地盤：

1. 由火紅背景襯托的左上、右下白獅，它們舞動著金爪、雙尾美麗的交錯，代表波西米亞。
2. 由湛藍背景襯托的右上紅鷹，有棋盤般白色相間的毛色，代表摩拉維亞。
3. 由艷黃背景襯托的左下黑鷹，展露黑翅，胸前裝飾著白月狀圖騰，幸運葉形點飾在白月中央與兩端，伸出鮮紅的利爪，代表西里西亞。

上述三個地區都是古捷克所涵蓋的國土。

不讓你睡的捷克歷史

有太多旅遊書寫了太多複雜的歷史，並不是所有人都能津津有味地認真看完，玩家要用最精簡的重點搭配圖表方式，向你介紹它一千兩百年的歷史故事。

捷克領土自75萬年前就開始居住著人類。公元五世紀，第一批斯拉夫人出現在今日的捷克境內。九世紀時，布拉格正式成為普列米斯洛王朝的統治中心。直到盧森堡的卡爾四世統治捷克後，布拉格成為神聖羅馬帝國的首都及大主教區，他在布拉格停留時，留下對後世影響深遠的資產與建樹。卡爾四世在學術上成立中東歐第一所大學「卡爾大學」，貿易上將原本的小石橋修建成卡爾大橋以促進商貨流通，軍事上不僅不輕易爭戰，並在精簡的預算下興建防衛型城牆，在布拉格中更建立不少雄偉的哥德式建築，讓布拉格成為美麗與強勢兼備的國家。

卡爾四世過世後，奧匈帝國哈布斯堡王朝崛起，捷克成為奧匈帝國的一部分。因民族、宗教與政治之故，前後發生了十五世紀與十七世紀的兩次擲窗事件，又因天主教與波西米亞貴族新教的衝突，引爆胡斯戰爭（1419～1434）、三十年戰爭（1618～1648）。其中以三十年戰爭裡的白山之役最悲慘，接掌波西米亞的哈布斯堡家族為了懲罰新教的頑強對抗，在現今的布拉格舊城廣場上，將27個貴族新教殺害，並把頭顱掛在卡爾大橋的橋塔上，這長達三十年的戰爭裡，波西米亞的人口瞬間減少2/3。

經過兩次世界大戰之後，捷克不僅脫離奧匈帝國的統治，並與斯洛伐克分裂成兩個國家，其間經歷納粹統治與蘇聯整肅期，在1968年的布拉格之春、1989年的天鵝絨革命後，捷克終於擁有屬於自己的國家，它現在是北約組織成員（1999年起）、歐盟成員（2004年起），走向世界市場一體化所帶來的發展，更與這些發展下帶來的機遇和風險並存。

公元前300年左右	捷克的前身「凱爾特部落」，第一批居民落腳於波西米亞區域和伏爾塔瓦河沿岸。
公元5世紀	斯拉夫人來到波西米亞，定居於布拉格，最終成為佔主導地位的民族。
西元870 年	普列米斯王朝誕生，奠定布拉格城堡的基礎。
西元926年	聖瓦茨拉夫國王，建造布拉格城堡區的聖維特大教堂前身，此時該教堂僅是座羅馬式圓形大廳。
西元950年	神聖羅馬帝國掌控波西米亞區域。
西元973年	建立布拉格主教區。
西元1085年	布拉格成為弗拉提斯拉夫一世國王的住所。
西元1172年	弗拉提斯拉夫二世國王建造中歐第二石橋「茱迪丁」，成為查理大橋的前身。

西元1230年	布拉格舊城區建立。
西元1253-1278年	歐塔卡二世國王統治波西米亞。

西元1310-1346年	盧森堡王朝的楊·約翰接任波西米亞國王。
西元1320年	布拉格城堡區建立。
西元1338年	成立舊市政廳，以增加布拉格的重要性。
西元1344年	布拉格主教區升格為大主教區，聖維特大教堂開始建造（1929年完成）。
西元1346-1378年	卡爾四世接任，布拉格成為波西米亞王國和神聖羅馬帝國的首都。
西元1348年	建立布拉格新城區，卡爾大學成立，是中歐第一所大學。
西元1357年	卡爾大橋動工。
西元1419-1437年	揚·胡斯宣揚宗教改革，慘遭神聖羅馬帝國教廷火刑處死而殉教，故引發第一次擲窗事件，並爆發胡斯革命運動。

西元1526年	哈布斯堡王朝接任波西米亞王位（持續至1918年）。
西元1583-1611年	魯道夫二世繼任波西米亞國王，布拉格成為皇帝的住所、社會和文化生活的中心。
西元1618-1620年	捷克貴族發動起義，發動第二次擲窗事件，白山之役失敗，捷克語言與民族意識遭受抑制。
西元1618-1648年	波西米亞人民反抗奧國哈布斯堡皇室統治，爆發三十年戰爭。
西元1780-1790年	哈布斯堡王朝勢力日漸衰微，成為奧匈帝國，約瑟夫二世執政，廢農奴制、開放宗教自由。

西元1784年	布拉格分區成四個城鎮單位：城堡區、小城區、老城區、新城區。
西元1784-1848年	捷克民族復興，工業革命的開始。
西元1914年	第一次世界大戰爆發。
西元1918年	10月28日捷克與斯洛伐克共同發表獨立宣言，布拉格成為捷克首都。
西元1939年	第二世界大戰爆發，德國納粹入侵占領捷克斯洛伐克。
西元1945年	蘇聯軍隊在布拉格起義，解放捷克人。
西元1948年	捷克斯洛伐克的共產黨因支持蘇聯，卻演變成被迫讓蘇聯掌控捷克政府，導致了自此四十年的共產主義獨裁統治。
西元1968-1969年	布拉格之春革命，試圖脫離蘇聯控制，爭取自由、進行經濟改革，但被蘇聯政府鎮壓。 卡爾大學學生於新城廣場自焚抗議。
西元1989年	天鵝絨革命，一場非暴力的成功抗爭，學生和民眾聯合甩動鑰匙示威反對共產主義，導致共產政權的崩潰，瓦茨拉夫．哈維爾當選捷克總統。
西元1993年	1月1日捷克、斯洛伐克各自獨立，成為兩個國家，史稱「天鵝絨離婚」，捷克共和國誕生。 1月26日哈維爾再次當選為捷克共和國的第一任總統。
西元2004年	5月1日捷克正式加入歐盟。
西元2008年	1月1日捷克正式加入申根區國家。

游牧部落時期　大摩拉維亞王朝　盧森堡王朝　哈布斯堡王朝　共產時期　自由民主獨立開始

報告捷克國王、總統，我來了！

認識捷克歷任統治者，對深度旅行捷克具有相當大的幫助。這些在捷克留下歷史痕跡與建樹的重要人物，能為你的旅程見証完美的真實足跡，更為你的旅行人生刻劃上寶貴的知識。來吧！聽玩家說故事，跟玩家一同晉見捷克歷代偉大的國王與總統囉！

⚜ 瓦茨拉夫一世（Václav I. 或尊稱聖瓦茨拉夫Svatý Václav）

這位國王就是聖誕歌曲〈好國王〉（Good King Wenceslaus）中的主角。在他十四歲時，父親弗拉提斯拉夫一世（Vratislav I.）在匈牙利突襲波西米亞和摩拉維亞的戰爭中過世，當時年幼的他與弟弟，由虔誠基督教徒奶奶魯蜜拉（Svatá Ludmila）一手拉拔長大，但因瓦茨拉夫的異教母親與魯蜜拉在政治、宗教上多有爭執，媳婦便派人殺害了婆婆，瓦茨拉夫繼位後放逐了母親，並追封奶奶為聖人。

Václav I.（作者不詳，約1370年作品）

Svatá Ludmila（作者不詳，約1370年作品）

瓦茨拉夫是一位宣揚基督教義並充滿愛心的榮譽好國王，他照顧窮人、奴隸和戰俘，建立教堂，廢除絞刑架，在大雪天裡與士兵分送物資給窮人，但勤政愛民的他，卻被自己的弟弟波雷斯拉夫（Boleslav I.）謀殺，他死後被追封為聖人（聖瓦茨拉夫），成為捷克建國和捷克土地的守護神象徵，是捷克重要的聖人之一。

他被刺殺的這天9月28日，被訂為國家建國日。

⚜ 歐塔卡二世（Přemysl Otakar II.）

歐塔卡國王被認定是歷代波西米亞最偉大的國王之一，十四歲時成為唯一的王位繼承人、摩拉維亞侯爵，二十歲時繼位成為波西米亞新國王。他傳承了父親的雄才大略，相當驍勇善戰，擅以經貿充足國庫。在他執政時，創立的皇家城鎮約有50個，發展出許多具有經濟潛力的新城鎮，如：庫特納霍納（Kutná Hora）、契斯凱布迭維茨（České Budějovice）。在他戰力達到最高峰時，擁有大片的爭戰版圖，包含摩拉維亞、西里西亞、奧地利、施蒂里亞、匈牙利，都在其成果範圍裡。

這位年輕的國王透過政治聯姻，串連起波西米亞以外的勢力範圍。他也是一位貿易、法律和秩序的堅定支持者，在中世紀時期推進了法律平等。他也頒發一項猶太人法案，大眾必須接納猶太人，以減少宗教仇恨，確立了猶太人融入捷克社會的權益和保障，猶太人有資格擔任各類高低階級的職位，而不受歧視，並能夠支持任何王室人員，若他們的權益受到了威脅時，可以索賠。歐塔卡國王還開放移民政策，邀請有才能技藝的德國移民定居到他的皇家城鎮。

歐塔卡國王有「鐵金國王」（Král železný, král zlatý）的封號，在戰役中無比英勇果敢、率領強悍的軍隊、擁有豐富的銀礦資源，再加上外交技巧高明，藉由與它國聯姻擴張政治地位，所以受封奧地利公爵（1251年）、施蒂里亞公爵（1261年）、卡林西亞公爵和卡爾尼奧拉公爵。在但丁的《神曲》中也提到了歐塔卡國王。

如此具有雄心和能力的國王，在當時無疑是最有資格競選神聖羅馬帝國皇帝的諸侯，但因為其他德意志諸侯與教皇深怕既得利益受影響，最後竟選出哈布斯堡家族的無能軟弱的魯道夫一世（Rudolf I. Habsburský）。歐塔卡國王拒絕承認魯道夫的勝利，並被迫放棄波西米亞以外的領地，一氣之下出兵攻打魯道夫，但卻在戰役中喪命。

Přemysl Otakar II.（作者不詳，年份不詳）

⚜ 卡爾四世（Karel IV.）

卡爾四世來自於盧森堡家族，他的父親是一位英勇的國王，即使罹患眼疾而失明，依然出征戰場，而他的母親則是歐塔卡二世國王的孫女。聰明的卡爾從小接受法國教育，不僅識字，更精通五國語言：拉丁文、捷克文、德文、法文、義大利文。在父親征戰中死去後，繼位成為神聖羅馬帝國皇帝，並被加冕為摩拉維亞侯爵、波西米亞國王、德王、義大利國王、勃艮第國王。

Karel IV.（Mistr Theodorik，約1370年作品）

卡爾國王為布拉格做了許多努力，他讓布拉格成為神聖羅馬帝國的首都，以增加布拉格的重要性，不僅將這裡作為他的住所，並試圖讓它成為中歐的政治、經濟與文化中心。這位國王勤政且不輕易開戰，政交手腕高明，利用聯姻及社交方式擴充國土及權力，除了布拉格之外，他還試圖擴大波西米亞公有土地，用他的皇權收購封地西里西亞，並創立中歐第一所大學「卡爾大學」（Univerzita Karlova），為布拉格帶來嶄新局面。卡爾大橋、聖維特大教堂、布拉格新城區、卡爾斯坦城堡……，都是他統治時期的建樹。由於當時是捷克政經最繁盛的世代，所以他被稱為「捷克之父」。

但卡爾患有痛風，年老時因跌倒導致骨折，而後因肺炎去世。直至去世前仍心繫羅馬教皇分裂之事尚未解決，唯恐對兒子繼位後的統治產生負面影響。

⚜ 魯道夫二世（Rudolf II.）

魯道夫二世，是哈布斯堡王朝的繼承人，喜愛科學與藝術，心胸寬廣、友善有包容心，非常保守，於父親死後繼承了神聖羅馬帝國的皇帝頭銜，但這位繼承人並非很能幹的統治者，因為他對政治並無太大興趣，很少參與政治，對新教徒也不加以施壓，採取寬容方式。在歷史上，他是藝術、文化和科學的重要贊助者，在他統治捷克

Rudolf II.（Hans von Achen，約1590年作品）

期間，大量收藏藝術品，是布拉格的「黃金時期」，他同時也相信占星術和煉金，並邀請各地歐洲天文學家來布拉格，使布拉格成為科學重要中心。

魯道夫國王在布拉格長期居住，雖終身未娶卻有很多情婦和非婚之子，因在政治上並不積極也無強勢能力，長期對他不滿的弟弟馬蒂亞斯（Matthias）藉動亂之機，強迫魯道夫讓出波西米亞王位，並剝奪了魯道夫的實權，將他軟禁在布拉格城堡裡，只剩下神聖羅馬帝國皇帝頭銜的他，在九個月後過世。

⚜ 瓦茨拉夫・哈維爾（Václav Havel）

哈維爾生於企業家和知識分子的家庭。1945年，蘇聯軍隊在布拉格起義並解放捷克人，他在唸完義務教育後想再升學，卻在當時的共產主義政權下，因「資產階級家庭背景」無法進入高中就讀，於是他進入化學實驗室成為助理，同時就讀為期四年的高中夜校。完成學業後，他想繼續申請進入人文學院就讀，卻又因身分之故被排除在外，只好轉而進入捷克技術大學的經濟學系就讀。而後他還試圖轉系就讀電影表演藝術系，雖然又被拒絕，但卻完全無法阻止他對戲劇與人權自由的熱忱，於是便以舞台技術員、編寫舞台劇、助理導演的方式完成這方面的學習課程。

Václav Havel（出自Ondřej Sláma，2009.11.14作品）

哈維爾是一位非常獨特並富有內涵的人權、民主領袖，在文學與戲作上有相當的研究，並寫過許多以自由民主為主題並具諷刺性的劇作及書籍，還發表過許多挖苦共產當政的諷刺劇。為了爭取自由民主、反對高壓政權迫害，他曾遭受牢獄之災及勞改，但這些都無法監禁及消除他追求真理的觀念與言論態度。1989年，他率領人民爭取選舉、言論、集會及新聞自由，以最安靜的革命方式「天鵝絨革命」，終結了威權體制。

這位擇善固執的勇敢詩人、文人，成為捷克獨立、民主自由後的第一任總統，深受捷克民眾的愛戴。他在2011年12月18日去世，哈維爾是一位不留戀政治生涯，卻留戀著自由民主真諦的總統。

捷克旅行重要指南

⚜ 行前準備

當你買了這本書，玩家的期望就是它能幫助你快速俐落出發、探險捷克好風光，所以我們就省去一堆煩人的步驟，加速出發的腳步吧！

①找間你信任的旅行社，買張好機票，機票上的英文姓名及順序須與護照上相同。

②找間專辦歐洲申根旅遊等級的保險公司，買份適合此趟旅程的保險，讓你的旅程安心有保障。

③到捷克不必申辦簽證，只要持中華民國護照即可前往捷克，但請注意，護照須在返台後尚有半年以上的效期。

⚜ 通關、登機前隨身用品限制

為了使所有旅客安全旅行，避免受恐怖攻擊之威脅，以下提供建議，但請以現行之規定及限制為主：

①禁止攜帶體積超過100ml（g）容器的任何液體登機，且須以密封袋包妥；若超過，請放置於托運行李箱中。

②禁止攜帶鋒利刀具類用品。

③辦理出境手續後，在免稅店購買的酒、化妝品類等任何液體，須依前往各國之規定密封，可放在隨身包包或手提。

④任何3C用品之電池與行動電源，都須攜於隨身包包中，不可放置於托運行李箱，避免自燃情況發生。

⑤水果、肉品、植物……等請勿攜帶，避免於安全檢查處被攔下。

⑥水瓶裡的水請喝完或倒掉，否則是不能上飛機的哦！

另外，請保持自身之適當儀容，以利通關順利。

⚜ 常用標誌、電話

在緊急情況下，可撥打158報警、155救護車、150消防隊，也可以撥打一般的緊急求救112。

藥局

郵局

警察局

旅遊資訊服務中心

⚜ 安心「錢」進捷克

台灣沒有提供捷克貨幣匯兌，須先在台灣兌換歐元後再至當地兌換克朗。捷克貨幣為「克朗CZK」（別名為Kc），面額有1 CZK、5 CZK、10 CZK、20 CZK、50 CZK、100 CZK、200 CZK、500 CZK、1,000 CZK、2,000 CZK、5,000 CZK，其中2,000 CZK、5,000 CZK的鈔票較少有機會使用到。

玩家小叮嚀

捷克境內有很多黑心匯兌處，請小心留意匯率、手續費、幣紙、國別，勿因小疏忽導致大損失！（本書「舊城區、猶太區篇」有玩家推薦的安心匯兌處）

⚜ 捷克快樂退稅

只要看到商店中有標示「Tax Free」的字樣，你可以再次詢問店員是否能退稅。一般退稅標準為2,000 CZK，只要在同一天的同一間商店購滿2,000 CZK額度，就可以向店家提出退稅需求。店家會附上退稅單及收據，也會幫你把消費金額與件數填妥交給你，你只要拿回去旅館，填寫上個人資料，就可到機場的海關蓋章並退稅。

①請檢查你購買的件數和金額，是否與退稅單上填的相同，如有出入，海關不會蓋章哦！

②退稅金額會再扣掉機場服務手續費、匯差，大約實際可以拿到10～14%。

③要退現金或是信用卡，決定權在你，現金可以在機場退稅處拿回，你可以選擇退克朗或歐元。退到信用卡的話，一般約要等一個月才會入戶。

捷克藥局小概念

對台灣觀光客來說，歐洲就醫較不便而且非常昂貴，醫療院所不像台灣如此便捷。雖然捷克藥局裡可購買到一般的保健用藥及普拿疼，但許多專業用藥須有捷克醫院及醫師的處方箋才能購買。所以強烈建議在台灣就先至旅遊門診，請醫生開立旅遊常備藥物，尤其以消炎、止痛為主，以備不時之需。

捷克熱線你和我

建議直接以手機撥打電話回台灣較方便，如何撥打呢？

- 打回台灣的市內外電話：+886→輸入居住地方的區域碼，但是前面的0要去除→再輸入其餘的電話號碼。
- 用手機打台灣的手機電話：+886→輸入對方手機號碼，但是前面的0要去除。
- 打到捷克的市內外電話：+420→輸入對方的電話號碼。

若需要使用網路，可至捷克全境vodafone電信門市購買網卡。

⚜ 捷克電器使用須知

多數的3C產品都已普遍採國際通用電壓，前往捷克時只須攜帶轉換插頭。捷克的插座為兩孔一圓柱，所以你必須準備兩圓柱一孔的轉換插頭。

①如有需要，可攜帶「變頻式旅用吹風機」，台灣一般型吹風機，即使搭配變壓器，還是有爆掉或無法運轉的情況發生。

②使用電湯匙會讓多數旅館跳電，請避免攜帶。

⚜ 送張明信片給自己與重要的親友

在陌生的捷克國度裡，如何遙寄幾張獨特的明信片給自己和親友呢？

①免驚！不必將中文地址翻譯成英文，地址可直接以中文書寫，但請先在台灣查妥完整5碼的郵遞區號，並在空白處標上「TAIWAN」大字樣。

②可至郵局或Information旅客資訊服務中心詢問購買郵票，只要告訴服務人員要寄到台灣，對方就會幫你配對正確的郵票價格哦！（約38 CZK左右，每年都有調漲的情況。）

③親吻一下這張明信片，投入捷克橘色郵筒上的右邊洞口，就能寄達台灣囉！（郵寄時間約須兩星期左右。）

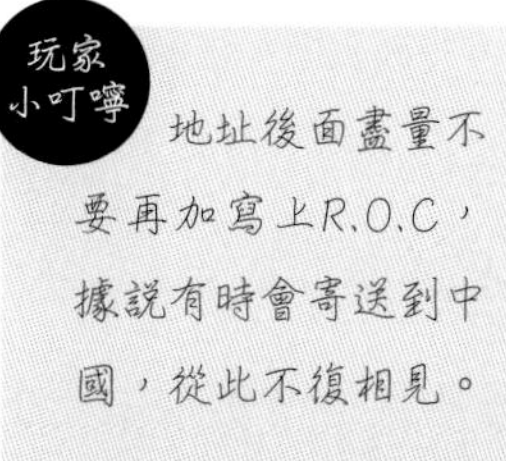

地址後面盡量不要再加寫上R.O.C，據說有時會寄送到中國，從此不復相見。

⚜ 小心！「偷」其不備

一定要妥善保管好自身的貴重財物，尤其是護照。旅程中無論多麼沉浸忘情於美麗景色，無論捷克啤酒多麼甘甜醉人，都要時時留意、謹慎保管。雖然在布拉格的新、舊城廣場上都駐有警察人員，尋找警局也非難事，但若財物及護照遭竊，再尋回的機率極低。在地鐵、電車、大型公眾場所……等，都是扒手的展翅會場，就連向你問路的人都要特別小心。另外，強烈建議，旅館中的保管箱並非萬能，請仔細衡量評估。

玩家小叮嚀

無論如何，請牢記：「財物誠可貴，生命價更高！」

若遇嚴重情況，請向駐捷克台北經濟文化代表處尋求幫助。

- 地址：Evropská 2590/33c, Praha 6
- 電話：+(420) 233-320-606

⚜ 捷克全年氣候、平均溫度、時差

捷克與台灣的時差，冬令時間晚台灣7小時，夏令時間則比台灣慢6小時。

月份	溫度	月份	溫度
十二月	最高溫2℃／最低溫-2℃	六月	最高溫21℃／最低溫10℃
一月	最高溫0℃／最低溫-5℃	七月	最高溫27℃／最低溫12℃
二月	最高溫2℃／最低溫-5℃	八月	最高溫30℃／最低溫12℃
三月	最高溫8℃／最低溫0℃	九月	最高溫19℃／最低溫9℃
四月	最高溫12℃／最低溫2℃	十月	最高溫13℃／最低溫5℃
五月	最高溫18℃／最低溫7℃	十一月	最高溫5℃／最低溫0℃

冬天：一年中最冷的月份，氣溫降到零度以下，有時或經常伴隨著落雪，在高海拔地區或山區總是覆蓋著像毯子般的白雪，日落開始時間約在PM4:00～5:00。

春天：雪開始融化，氣溫開始上升，但仍然有些寒冷，是有點任性的氣候，花朵正逐漸盛開，日落開始時間約在PM6:00～8:00。

夏天：最熱的月份，氣溫最高可以飆升至30°C。在這個陽光燦爛的季節，缺點是降雨機率頗高，甚至會有風暴，建議你準備傘具。晚上會變得很涼爽，早晚溫差大，日落開始時間約在PM7:30～8:00。

秋天：這個季節充滿了色彩，葉子開始從亮綠色轉變為黃色或紅色，溫度顯著下降。特點是有風和陰天，在這樣寒冷的時期，為即將到來的結凍做準備。十一月末可能會出現第一場雪，日落開始時間約在PM4:00～6:00。

第一次說捷克語就上口

捷克文	如何發音？	中文
Dobrý den	咚・ㄅㄨ・哩・ㄉㄧㄣ	你好、日安（正式語）
děkuji	跌・ㄍㄨㄧ	謝謝
prosím	普・囉・ㄒㄧㄣ	請、不客氣
promiňte	普・囉・ㄇㄧㄣ・ㄊㄧㄝˇ	抱歉（借過）
Nashledanou	吶・斯・喝・達・ㄋㄛ	再見
jeden	椰・等	一個（買東西）
Dva	ㄉㄜ・ㄈㄚ丶	兩個（買東西）
Pomoc	ㄆㄛ・ㄇㄛ・ㄘ	救命
police	ㄆㄛ・ㄌㄧ・ㄘㄝ	警察
zloději	ㄗ・囉・碟・ㄧ	小偷

捷克上菜，拒絕踩雷

位於中歐的捷克，集結所有歐洲的飲食精華，只要找對餐館，不僅能大快朵頤傳統的在地好滋味，還能閃過重鹹的地雷。

⚜ 速記必食捷克經典料理

・現烤麵包捲（Trdelník）

捷克人生活中最少不了的平民小食，以天然的酵母與麵粉揉製，並加入家傳香料慢火焙烤，香甜滋味會隨著空氣繚繞，秋冬時搭配上熱酒，美味更是妙不可言。

・大蒜湯（Staročeská česnečka）

將大蒜炒至焦甜味散出，加入高湯熬煮至大蒜融於湯內，在湯碗裡放入起司，淋入大蒜湯。南波西米亞式的盛法，是將酵母大麵包挖空當成湯碗，放二片起司至麵包碗裡，再將熱呼呼的大蒜湯盛入，必須快速喝畢，否則麵包會將湯汁吸乾，為重口味湯品。

・捷克式烤豬腳（Pečené vepřové koleno）

搭配北德與南德的做法，每家餐館的處理方式均不同，若遇上頂尖廚師，在肉質處理上肯定細緻且不乾澀，多汁且不油膩，外酥內嫩，絕不遜色於台灣口味，搭配蒂戎醬、辣根、酸黃瓜，滋味帶勁。

左｜大蒜湯　中｜南波西米亞式盛法的大蒜湯　右｜外酥內嫩的捷克式烤豬腳

・烤鱒魚（Pstruh na grilu）

清澈湖泊裡養殖的鱒魚，完全沒有土味，當日產地直送，撒上少許鹽，將魚身塞進獨門香料，直接送進窯裡燒烤，食用時擠上新鮮萊姆汁，將魚的鮮味逼得無處可逃。

・烤鴨（Pečená kachna）

懂得處理烤鴨的好餐館，會挑選身型年輕的鴨子，經過獨門香料加持，再送進烤爐以大火催熟。煮好的烤鴨其細膩的肉質夾帶金黃色鴨油，那恰到好處的油脂分布在口中，嘴裡盡是鮮美滋味而不顯一絲禽肉腥臊。如紗網般輕透細彈，搭配紫色、白色波西米亞式酸菜，清爽順口。

・炸肉排（Smažený vepřový řízek）

維也納式做法，將豬或牛肉片裹上新鮮蛋汁麵衣，下油鍋酥炸，以熱油固定麵衣鎖住肉汁，外皮炸得恰到好處、乾爽香脆，食用前擠上新鮮萊姆汁，肉香精華迸射於嘴裡，搭配酸黃瓜一同享用，輕爽不膩口。

・燉牛肉（Guláš）

類似匈牙利燉牛肉烹調手法，牛肉塊加入蔬菜及多種香料，燉煮四～六小時以上，香純濃綢的醬汁偏重口味，擺盤時放上生洋蔥絲、青蒜絲或紅甜椒絲，搭配麵糰子食用，紮實又有飽足感。

・雞蛋薄餅（Palačinka）

雞蛋麵糊裡調入適量香草與牛奶，以平板鍋現點現烤，焙烤後細細嫩嫩的麵皮，如嬰兒皮膚一般滑嫩，夾帶熱氣透出淡淡的雞蛋與麵香，內餡有多樣化的選擇，還能搭配水果或冰淇淋享用。

⚜ 進餐館用餐注意事項

①在餐館用餐須於結帳時額外給予服務人員10%服務費；常理上，一間好的餐館不會將小費直接算到帳單中，而是等服務人員找錢給你後，你再把服務費另外給他。結帳時只要舉手請服務人員過來即可，不須親自前往櫃台。記得小心核對帳單內容，避免被誤算金額。

②多數的餐館都是由服務生先為你點飲料，上了飲料後才會再幫你點餐，點飲料是進餐館時的基本禮儀。湯不是飲料，所以不算在喝的範圍中。

③進餐館後，多數都由服務生帶位，你可以先打聲招呼再詢問是否由他們帶位。

④桌上放的零嘴、送來的麵包，請詢問過是否須額外付費再食用。菜單上若沒有標明價格，請考慮是否要繼續留下用餐。

⑤因捷克為石灰岩地質，水資源珍貴，自來水不能生飲，所以餐館沒有提供免費的水，須另行點購。此外，因環保節約緣故，餐巾紙為每人一張，不可擅自取用，如有需要可向服務人員索取。

在布拉格市中心搭乘地鐵與電車

布拉格地鐵分成ABC三線，A線為綠色，B線為黃線，C線為綠線，電車則有25條日間路線、9條夜間路線，地鐵與電車合併使用，也就是買一張票可以在有效時間及規則內搭乘。

自2015年起最新的公布票價如下：

票種	說明
24 CZK全票	30分鐘內使用，僅能在時限內轉乘地鐵三站以內，電車則不限站數。
32 CZK全票	90分鐘內使用，在時限內不限地鐵及電車轉乘站數。
110 CZK一日票	24小時內使用。
310 CZK三日票	72小時內使用。

①滿六歲～十五歲以下的兒童、六十五歲以上老人有50%折扣。

②25 X 45 X 70 cm（包括100 X 100 X 5 cm）行李箱16 CZK（限一小時以內）、六歲以下兒童免費、嬰兒車免費、狗狗免費。

③尚未打票前，允許轉讓。

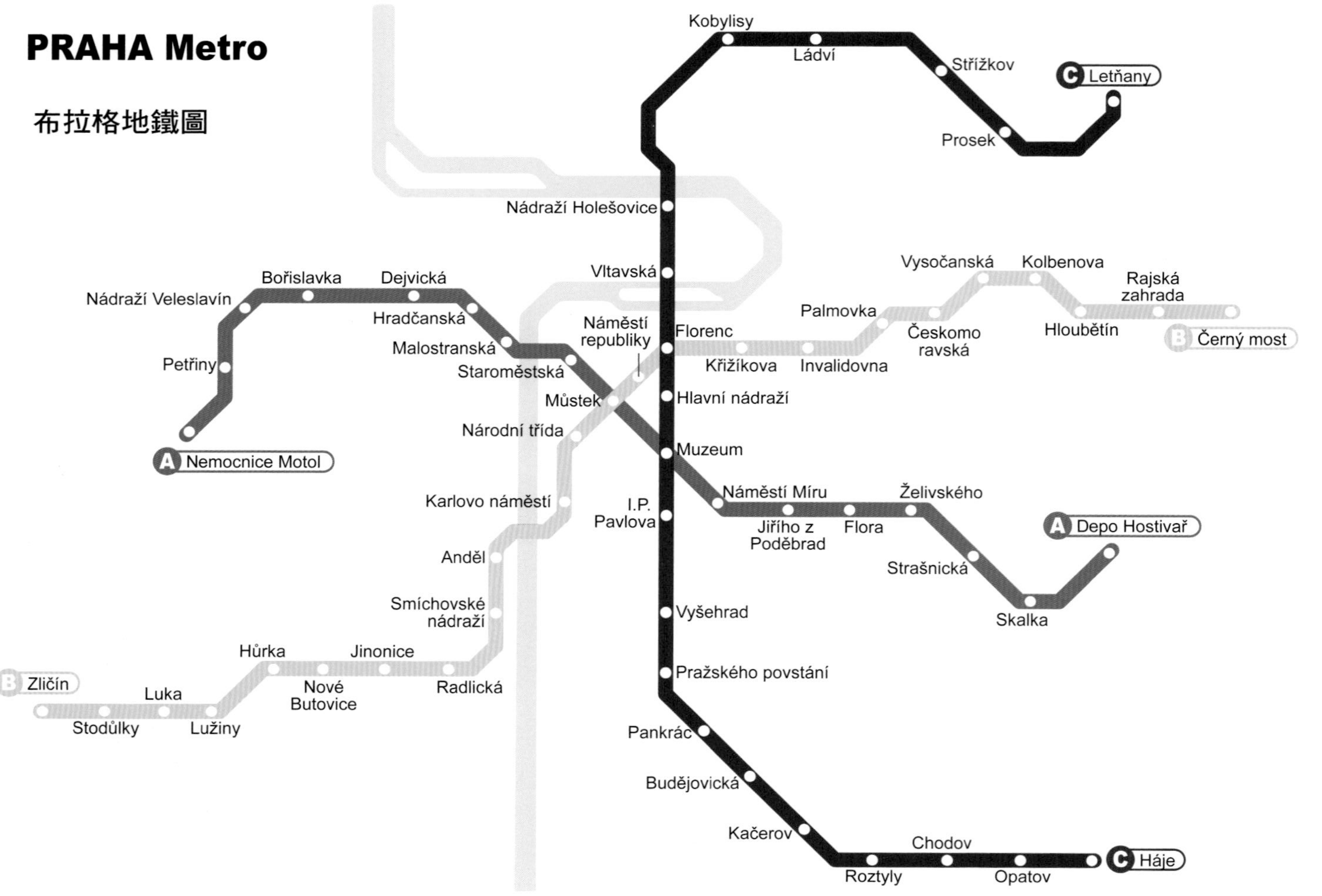
PRAHA Metro
布拉格地鐵圖
Kobylisy
Ládví
Střížkov
C Letňany
Prosek
Nádraží Holešovice
Vltavská
Florenc
Hlavní nádraží
Muzeum
I.P. Pavlova
Vyšehrad
Pražského povstání
Pankrác
Budějovická
Kačerov
Roztyly
Chodov
Opatov
C Háje
Nádraží Veleslavín
Bořislavka
Dejvická
Hradčanská
Malostranská
Staroměstská
Petřiny
A Nemocnice Motol
Můstek
Náměstí Míru
Jiřího z Poděbrad
Flora
Želivského
Strašnická
Skalka
A Depo Hostivař
Vysočanská
Kolbenova
Rajská zahrada
Palmovka
Českomoravská
Hloubětín
B Černý most
Náměstí republiky
Křižíkova
Invalidovna
Národní třída
Karlovo náměstí
Anděl
Smíchovské nádraží
Hůrka
Jinonice
B Zličín
Luka
Nové Butovice
Radlická
Stodůlky
Lužiny

①你可以從地鐵裡的自動售票機用零錢直接購買，也可以在服務窗口以鈔票購買（如持大鈔，有時會無法找零），某些熱門的電車站，路面也會有硬幣售票機，某些小商店能買到32 CZK全票、110 CZK一日票。

地鐵售票服務處

舊式售票機

新式售票機

②買了票，上電車時或進地鐵站時，要在黃色打票機裡過票，但請注意，一張只能打一次，在有效時段內可以無限次使用（30分鐘的24 CZK車票除外），過了時限就不能再用囉！

買票

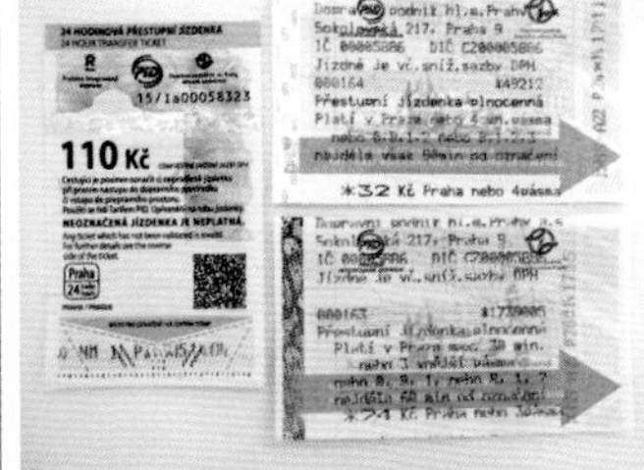

一日票／90分鐘票／30分鐘票

打票

③如果沒有買票，或超過時限繼續使用，被查到會罰款900 CZK（2011年最新訂價），如果不繳罰款，過海關時將被扣留，罰金將提升更高，亞洲人被查票的機率為80%以上，千萬不要以身試法！

最後，玩家提醒你，千萬要小心布拉格扒手、留意金錢收付的正確與否，讓這趟屬於你的「布拉格歷險趣」抱得滿溢而閃耀的愉快與美妙，帶走滿足大於遺憾的旅行回憶。

接著，和玩家出發前進捷克吧！

神奇布拉格第一站

舊城區（Staré Město）
猶太區（Josefov）

掀開紫色薄霧下的神祕情節

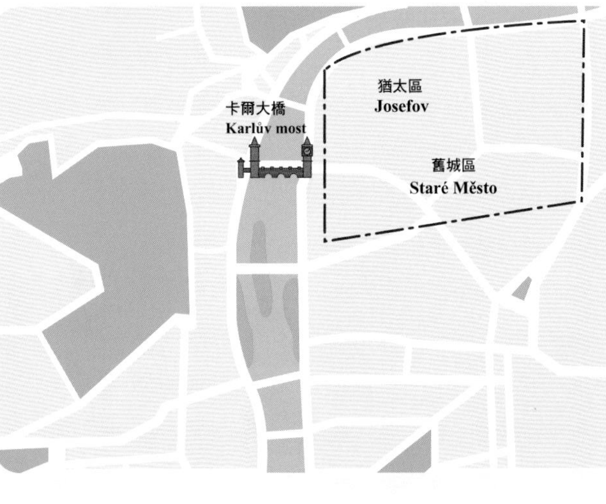

掀開紫色薄霧下的神祕情節

時光回溯到1232～1234年，舊城區在成立初期，是石造建築所組成的社區，也是布拉格最古老的城鎮中心，它的名稱可以追溯到十四世紀，是當時擁有多項皇家特權的地帶。幾個世紀以來，羅馬、哥德、文藝復興、巴洛克、洛可可式風格的建築，圍繞著舊城廣場鱗次櫛比，各自蘊藏著無數富商和政治陰謀的故事。

舊城區的範圍主要以舊城廣場為主，延伸至卡爾大橋與新城廣場為界，其中還包括聖尼古拉斯教堂後的猶太區。舊城區占布拉格重要主導地位，憑藉著古老與華麗的建築、教堂群，成為歐洲最美麗的歷史景點之一。

要充分欣賞美麗的舊城區，你至少需要花上一～二天的時間，以步行方式漫遊此區各個重要景點。也許你可以登上舊市政廳，俯瞰廣場及周邊的壯麗景色，或者坐在廣場椅子、露天餐座，點一杯咖啡或清涼的啤酒，都能輕易地融入、沉浸在曼妙的氣氛裡。

連結廣場四方的巷弄，分布著各式店家與餐館酒吧，如果以走馬看花的方式快閃而過，不僅可惜，甚至會令人搥胸頓

交 搭乘A或B線地鐵在Můstek站下車，從Na Můstek方向出站，步行約五分鐘。

遊客資訊服務中心 i

舊城市政廳

地 Staroměstské náměstí 3

時 週一～日9:00-19:00

足、徒留遺憾。唯有放慢腳步遊走在這些巷弄街道裡，並親自走進這些生動迷人的餐館與商店中，你才能深刻體會到布拉格舊城區所涵蓋的多重魅力。

玩家經驗分享

布拉格是捷克的首都，也是最龐大而美麗的歷史中心，在1992年正式被聯合國教科文組織（UNESCO）評鑑為世界文化遺產。擁有「露天建築博物館」的美名，集結歐洲所有經典建築風格，羅馬大會堂、哥德、文藝復興、巴洛克、新藝術風格、新古典主義、後現代主義，更因整個城市裡的高塔達百座且將近一千座，獲得「百塔之都」、「千塔之都」封號。

布拉格分為22區，要把它們全走完可不容易，建議初次前往捷克的你，只要挑選歷史景點最精華的1、2區進行重點式深入遊覽（舊城區&猶太區、卡爾大橋&小城區、城堡區、新城區），利用電車及地鐵，還有你的雙腳，再加上這本玩家歷險手札，即可一覽布拉格的層次美感與獨特魅力。以布拉格為起點，讓我們展開一段交錯在新舊間、爽朗而質樸、浪漫不羈的尋覓旅程……

如果你規劃深度停留布拉格，並對參觀各景點有濃厚的興趣，玩家建議你可以購買一張布拉格卡（Prague Card）。這是一張實用的布拉格通行卡，在有效期限內，參觀布拉格城堡（常態景點，不含Tour、城堡故事展）、猶太博物館、乘坐城市公共交通、兩小時巴士遊覽，以上都是免費的，總計約有50個免費的景點讓你參觀，另有約30多個景點、音樂會、餐館享有優惠折扣，讓你成為一個出色的布拉格旅人，深度探索布拉格。舊城市政廳的information desk就能購買哦！

二日卡	成人 58 €　兒童／學生 43 €
三日卡	成人 68 €　兒童／學生 50 €
四日卡	成人 78 €　兒童／學生 57 €

跟著玩家打卡逛景點 

只要照著玩家條列的經典必參觀景點，依序探訪每個重要景點，不再像迷途羔羊、不必再昏頭轉向，走過的景點就為它打上個勾，你會好有成就感，又好踏實有收獲哦！

舊城廣場（Staroměstské náměstí）

從十世紀開始直到二十一世紀，舊城廣場一直是此區主要的集散中心，也是布拉格的心臟，這占地1.7公頃的超寬敞廣場，一直是重大事件的主要背景空間，交錯著輝煌與悲慘的場景。

交 搭乘地鐵至Můstek站，從Na Můstek方向出站，步行約七分鐘

舊城廣場

有如露天建築博物館般，陳列佇立著各式雄偉建築群與迷人房舍，每天吸引成千觀光客到此一睹風采，廣場上最重要也最醒目的地標當屬揚．胡斯紀念碑（Pomník mistra Jana Husa），於1915年7月6日豎立，為紀念揚．胡斯殉教500週年而建造，他因提倡宗教改革而犧牲生命。

胡斯紀念碑

紀念碑上的雕像各有涵意：站在正中央的胡斯代表迎擊強權並捍衛道德，一旁緊緊圍繞著團結在一起的新教徒，還有一位年輕的母親抱著嬰兒則象徵著民族復興，所以這裡又稱為「胡斯廣場」。

這裡是電影《騙行無阻》（The Brothers Bloom）的拍攝場景之一哦！

玩家一分鐘談名人

揚．胡斯（Jan Hus）出生於波西米亞小鎮Husinec，畢業於布拉格卡爾大學，畢業後任職該校的神學教授，而後獲得校長職位。胡斯是一位虔誠的教徒，擁有果敢且正直的性格，他看盡羅馬教廷的腐敗，決定盡自身力量提倡宗教改革以回歸教本。

Jan Hus（作者不詳，約16世紀）

於是胡斯開始在教堂裡佈道，因為聽他講道的教徒日益增加，教廷害怕胡斯的言論會形成一股不利於己的勢力，直接影響民眾思想並不利於政教利益，於是反咬胡斯，直指他是惑亂人心的異教徒，在1415年7月6日將胡斯處以火刑，胡斯雖然被綁在刑台，但依舊不願放棄他所信奉的真理，他說：「上帝會為我作證！」而後被熊熊烈火燒死。教廷甚至將他的骨灰撒入萊茵河畔，讓他不得安息家鄉，因此引發四年後的「胡斯戰爭」。

1999年，教皇約翰．保羅二世表示，對如此殘酷處死胡斯的事件「深表遺憾」。

舊市政廳（Staroměstská Radnice）
天文鐘（Orloj）
遊客資訊服務中心（Information）

舊城市政廳成立於1338年，環繞四面的塔體完成於1381年，塔身有複雜的紋飾，是晚期哥德式風格。附屬於市政廳旁的天文鐘，約於1410年時，由皇家鐘銀匠尼古拉斯（Mikuláš Kadaně）打造了的發條式的時鐘，緊連接於天文鐘下的是十二星座節氣日曆板，以及裝飾在天文鐘周圍的雕像、繪畫、轉動的十二聖徒、鳴叫的金雞，都是後來陸續增添的。

地 舊城廣場西側
時 天文鐘轉動時間
週一～日9:00-23:00，每整點轉動一次
$ 含歷史大廳、哥德式聖母教堂、地下舊市政廳、景觀塔250 CZK（週一11:00-22:00，週二～日9:00-22:00）

注意

布拉格天文鐘距離上一次維修已是三十年前，自2017年2月起，將進行部份維護與整修，預計維修至2018年8月底，市政府當局正式宣佈，將於10月28日的捷克斯洛伐克共和國誕辰100週年，重新啟動恢復。

在維護期間，為減少維修時遊客來此觀賞的遺憾，當局在原天文鐘維修布幕前，設置了現代化的「虛擬天文鐘」LED顯示屏，為遊客提供全新的天文鐘體驗。虛擬天文鐘尺寸為5.56x384米，重約1,000公斤，完全複製了原始天文鐘的功能以及伴隨的聲音效果：死亡的鳴響、公雞的啼鳴，兼具原聲、動畫的功能，並依原訂時間在夜間23點關閉，與重建前的天文鐘一樣，屏幕配備傳感器，可根據光照條件自動調整圖像的亮度。

在1945年二次大戰時，市政廳與天文鐘幾乎被納粹的戰火波及燒毀，1948年修復，往後也經歷過數次密集的維修，現在看到的天文鐘零件都是複製品，原件已移入市立博物館。

右 | 市政廳旁的天文鐘　左 | 登塔螺旋型樓梯與電梯

玩家教你一分鐘看懂天文鐘

❶ 生命金雞
❷ 耶穌十二位門徒之窗
❸ 虛榮的人類
❹ 邪惡貪婪的守財奴
❺ 死神
❻ 墮落的土耳其人
❼ 太陽落於此星座
❽ 晝夜各12小時（羅馬數字）
❾ 一天24小時（阿拉伯數字）
❿ 哲學家
⓫ 天使長
⓬ 天文學家
⓭ 編年史者
⓮ 舊城圖徽
⓯ 十二星座
⓰ 十二月份節氣
⓱ 一年365天的聖人名字

舊市政廳可買票登塔，鐘塔的高度有69.5米，離地俯瞰如織的人潮、如模型般的建築與巷弄，相當有趣！你可以選擇搭電梯上去，欣賞完美麗的舊城廣場後，再以螺旋型方式沿著塔身內部走下塔，沿途還能看到天文鐘的詳細歷史介紹哦！

玩家獨家知識牌

某些旅遊書曾寫到，因為天文鐘製作得實在太精美，所以國王（或市長）刺瞎了製鐘師傅的眼睛，以免他再去幫別的城鎮製作相同的鐘，這個傳說是極度不正確的！布拉格並無流傳這樣的說法，但是，捷克有個古老的說法：如果這個天文鐘有受到良好維護，布拉格將會面臨災難……

分鐘之屋（Dům U minuty）

它原本在十五世紀時是晚哥德式建築，當時這裡是一條古老街道，它座落在非常小的庭院裡，但有兩層樓高，1430年它與鄰近的房子合併後空間增加，1564年重整改建為文藝復興式建築，而後更增加第三樓層及上弦月型簷。

地 市政廳旁 Staroměstské nám. 3

1712年的時候，這裡曾作為藥局用途，被命名為「白獅藥局」，外牆屋面角緣處點綴著一座十八世紀後期的獅子雕塑，而後又經營過煙草商行。在1889～1896年這段期間，作家卡夫卡（Franz Kafka）及家人曾於此居住過。

你可以在牆面上看到相當經典的前文藝復興式黑白泥刮畫，是1919年為整修為巴洛克風格時被發現的，預估曾是1600～1615年時的手筆，內容描述聖經人物（亞當和夏娃）與希臘羅馬神話（酒神），這麼精緻的藝術傑作直到二十世紀才被修復。

而現在你能走在這棟建築物的騎樓裡，則是1938年開通修建的公眾空間，並受國家保護的文化古蹟。

玩家獨家知識牌

為什麼叫「分鐘之屋」？很多旅遊書並沒有告訴你原因，也可能會告訴你這是不可考的由來，那麼玩家就來為你解開謎團。

其實這是經演變而來的名稱，一分鐘（U Minuty），源自於單字minuciózní，指的是非常小的、微小的，因這裡曾經營過煙草商行，而煙草是非常「細微」（nadrobno）的東西，所以取其意命名。

提恩教堂（Týnský chrám）

提恩教堂在早期曾是羅馬式教堂，於1365年增建為哥德式教堂，它有80米高的宏偉尖塔，成為主導整體視覺的建築指標。十五世紀初至1620年間，它是昔日布拉格胡斯教會主要的教徒聚集所在處。1679年教堂中殿曾被燒毀，於是在主要走道上便形成了巴洛克風格的低拱型態。

地 舊城廣場東側
時 週二～六
10:00-13:00，15:00-17:00
週日
10:30-12:00

教堂裡是典型的巴洛克風格，有一幅十四世紀保存完好而罕見的哥德式壁畫，北牆有一個巨大的洛可可式聖壇裝飾，還有19個美麗而精緻的聖壇，多數為巴洛克與洛可可式，大理石與金鉑相互輝映，最重要的是，教堂地板由60個已知的墓碑，與其他多數未知的墓碑所組成。

教堂中最大的亮點是右邊祭壇旁，有一座丹麥籍天文學家第谷·布拉赫（Tycho Brahe）的古墓。教堂中還有一個巨大而冠冕堂皇的管風琴，也是音樂會舉辦的場地之一。

玩家一分鐘談名人

第谷·布拉赫（Tycho Brahe），是丹麥的貴族子弟，因父親是皇家法庭的重要人物，於是進入法律系唸書，他因見識過日蝕的宇宙奧妙情景，於是對天文學產生了濃厚興趣，進而開始走向鑽研天文的路途。第谷在一次與表弟的劍鬥中被削去鼻子，於是只好裝上金屬的義鼻，這個事件致使他激發對醫學與煉金術的興趣。

Tycho Brahe（Eduard Ender 1822-1883）

提恩教堂

第谷曾在仙后座旁發現了一顆嶄新而明亮的恆星，使他聲名大噪，而後更提出太陽和月亮繞著地球運行，而其他行星則圍繞著太陽的「地球日心說」。

第谷是一位深受國王魯道夫二世喜愛與尊敬的宮廷天文占星師，關於他的死因眾說紛紜，傳言他在布拉格出席皇家宴會時，可能因為憋尿而導致膀胱或腎臟疾病，11天後不治逝世。

第谷在世時曾為自己寫過墓誌銘，內容是：「他活得像一個聖人，死得像一個傻瓜」。

金斯基宮（Palác Kinských）

金斯基宮在最初建立時，歷史可以追溯至十二～十三世紀，經歷了羅馬、哥德、文藝復興式，與後續巴洛克式重建，更在1830年時擴建，將其建築風格增添新古典元素，如今，金斯基宮已屬國家美術館的一部分，也是國家文化古蹟。窗框頂緣能看到美麗的浮雕，當陽光撒落在建築物上，亮眼卻柔和的色調，令人難忘。

地 Staroměstské náměstí 12

時 有展覽時才開放，建議EMAIL詢問

信 genreditel@ngprague.cz

火藥塔（Prašná brána）

地 nám. Republiky 5
時 十一月～隔年二月，
每日10:00-18:00
四月～九月，每日10:00-22:00
十月、三月，每日10:00-20:00
$ 成人100 CZK，最後登塔時間為關塔前三十分鐘

原本在十三世紀上半期這裡是破舊的山門（Odraná），1475年在波西米亞時期，國王弗拉迪斯拉夫二世（Vladislav II.）統治期間，奠定了火藥塔的基石，它是布拉格最具標誌性的哥德式建築之一。

當時這裡是布拉格13座護城牆之一，而現今高度九米以下曾是護城河，原本是波西米亞國王加冕遊行的通橋，後來卻因皇家住所移至高處的城堡區而中斷建造。十八世紀初從庫特納霍拉（Kutná Hora）來的銀礦與錢幣都要從這個城門經過，而後被用來作為儲存火藥之處。

市政大樓（Obecní dům）

地 náměstí Republiky 5（火藥塔旁）
時 市政大樓，10:00-20:00
皮爾森餐廳，11:30-23:00
法國餐廳，12:00-23:00
網 www.obecnidum.cz

當你第一眼看到它，絕對會是個令你驚嘆的建築，總建築面積為4,214平方米，華麗而雄厚的外觀屬於新藝術風格式建築，那精緻絕美的裝飾藝術讓人不注意也難。

市政會館起源於1383年，國王瓦茨拉夫四世在這裡建造了皇家住所，稱為「皇家法院」，十五世紀成為大主教神學院，而曾作為軍營使用，直到1869年轉換成軍校，於1903年被拆毀。

下左 | 法國餐廳內部
下右 | 熱情開朗的男服務領班、女服務人員

1905～1911年經過重建，成為布拉格新市政大樓，1994～1997年再次被翻修，融合新文藝復興、巴洛克風格，尤其是新藝術風格，更是將此昇華到最極致奢華的風情。

大樓外正中央有一個陽台，頂牆處鑲嵌著馬賽克畫面，這個作品稱為「布拉格典範」，上面題詞寫著：「布拉格，抵制所有如同風暴的時間與憤怒！」1918年10月28日，捷克與斯洛伐克各自獨立的宣言，也是在此陽台上宣布的哦！

市政大樓提供官網訂購觀賞導覽的服務（成人約290 CZK），建築內部有許多廳間，金碧輝煌，彷如置身美好年代，最具知名度的大廳有：斯麥塔納廳，是每年布拉格之春音樂會的重要場地之一，平日也有超水準音樂會演出（可上官網查詢）；市長廳，由慕夏（Alfons Maria Mucha）於1911年設計，有美麗的彩繪天花板，所有的裝潢品堪稱堂華典範。

市政大樓結合皮爾森餐廳、法國餐廳。皮爾森餐廳（Plzeňská restaurace）的咖啡一杯約65 CZK，可以坐在這裡享受著午後陽光撒落進新藝術風格殿堂的風情；法國餐廳（Francouzská restaurace）花費約1,050～1,550 CZK左右，就能享受一頓由世界級主廚所精心設計、烹調的餐點。坐在迴響著現場彈奏醉人音樂的富麗繽紛情懷氛圍中，這股美好時代的風潮總能流竄在你身邊。

巴黎街（Pařížská ulice）

不用到法國也能感受到巴黎時尚流竄的風情，這條巴黎街原是昔日的猶太區，在十九世紀的時候，原本規劃全面翻修為直達新城區國家博物館的道路，可惜因缺乏資金和舊城居民的反對而宣告停止。

巴黎街後段的區域是受保存維護的猶太區，前段則是如香榭大道般風情萬種的巴黎

地 聖尼古拉斯教堂旁

區，四季裡流動著濃濃的時尚精神，兩旁的林蔭反映著微妙的季節景緻，無論是陽光透過樹隙、黃葉飄捲在秋風裡、枯枝上排列著鳥兒，或者是落雪紛飛的情境中，川流於時下的型男美女，總能令你揚起嘴角、抬起下巴，歡愉輕快地享受這場額外的流動饗宴。

這條迷人的巴黎街聚集各家精品，別在意駐守在大門口的保全人員，放心大膽的走進去，有時甚至你不必開口，小姐就會親切的主動獻上亞洲人最愛、經典款式供你選購，想購買名牌的你，到這裡準沒錯！

猶太區（část obce Josefov）

猶太區歷史可以追溯到十三世紀，但它現在的外觀，主要是於1893～1913年擴建的，只有少數幾個最重要的建築被保存下來，也保存了幾世紀的布拉格猶太人的歷史見證。猶太區的命名源自奧匈皇帝約瑟夫二世（Joseph II.），他對猶太人釋出善意，並保障他們的生活權利，為感念他，於是以Josefov命名。目前猶太區約有五千至六千猶太居民居住在此。

猶太區的範圍包括：猶太市政廳、舊猶太墓園、梅瑟教堂、西班牙猶太教堂、平卡斯猶太會堂、克勞森猶太教堂、猶太教堂（以上為猶太博物區套票），以及舊新猶太教堂（單票）、聖靈教堂、聖阿格尼絲修道院。

地 位於巴黎街後段西側
時 可上官網確認
$ 猶太博物館區
成人票330 CZK
舊新猶太教堂
成人票200 CZK
以上兩種合購
500 CZK
（所謂的全餐票）
網 www.jewishmuseum.cz

舊新猶太教堂是在中歐保存最古老的猶太教堂，建於十三世紀末期，是前哥特式教堂，有豐富的石雕裝飾、鍛鐵格柵、鐵藝吊燈，是猶太社區心靈信仰的核心所在。

舊猶太公墓成立於1478年，它是歐洲現存最古老的猶太墓地，因為空間不足，這些墓幾乎都是以層疊埋葬，大約有十二層並還超過12,000個墓碑，據說直到1787年為止約有十萬人被埋葬於此。公墓中最有名的就是梅瑟市長（Mordechai Maisel），以及創造出古靈高蘭（Golem）的祭司猶大（Jehuda Löw ben Becalel）。

古靈高蘭（Golem），又稱為「泥人高蘭」，傳說，在皇帝魯道夫二世的統治下，布拉格的猶太人遭到驅逐或殺害，為了保護猶太社區，祭司猶大（Jehuda Löw ben Becalel）拿起伏爾塔瓦河的泥土，並透過儀式和希伯來文咒語，創造了這個古靈。

可是隨著時間的增長，古靈從原本的聽話順從，變得越來越暴力，不僅殺害異教徒並傳播恐懼，甚至企圖攻擊創造它的祭司及其他猶太人。

皇帝魯道夫二世要求祭司封印古靈，並承諾停止對猶太人的迫害，祭司趁機將古靈的額頭上寫著希伯來文咒語的「אמת 真理」，擦掉 א 變成「מת 死」，古靈就被永遠的封印在舊新猶太教堂的閣樓上……

據說，如果要讓古靈恢復生命，就必須再上閣樓重新施咒，二戰期間曾有個納粹進入閣樓，並試圖破壞傀儡，可是卻離奇的喪命了！

1883年重新裝修閣樓時，並發現沒有發現古靈，1984年某個電影攝製組也參觀並拍攝閣樓，依舊沒有任何的發現。

上 | Golem（Thander，July 2007）
下 | 封印古靈的舊新猶太教堂

注意

閣樓是不對外開放的哦！

聖尼古拉斯教堂（Kostel sv. Mikuláše）

這個有青銅皇冠戴頂的巴洛克教堂，源起於1273年，是此處最早興建的教堂，原本只是個羅馬式的禮拜堂，十四世紀時重建為哥德式教堂，成為教區長的住宅、學校與墓地。

地 舊城廣場西北側
時 週一～六10:00-16:00
週日12:00-16:00

胡斯曾在此宣揚宗教改革，但在十七世紀慘遭火災燒毀。而後知名建築師Kilián Ignác Dientzenhofer在1730年時，重新規劃並打造新教堂，給了它巴洛克式新風貌。但教堂完工

玩家卡麥拉

電影《不可能的任務》（Mission: Impossible）中，阿湯哥任務失敗後，與中情局探員約在餐廳裡見面，卻發現自己不僅被視為叛徒並被設下埋伏，他將炸彈口香糖揉捏後往魚缸上扔，魚缸瞬間爆炸水流迸射時，他趕緊趁機逃出餐廳。這一幕正是以聖尼古拉斯教堂為主要背景，不過事實上這間餐館並不存在，是剪接來著的哦！而且當時教堂仍是雪白色外牆。

後，有一陣子成為糧倉，1868年，被租為俄羅斯東正教教堂使用，1871年終於恢復它的教會用途。

教堂有座華美燦爛的水晶玻璃吊燈，佇立著精湛細膩的雕塑，美麗的壁畫更是佈滿於寬廣的穹頂，讓你充分見識到巴洛克式的流線精髓。

玩家貼心推薦換匯處

到布拉格不知道要到哪裡換匯比較可靠安全嗎？聖尼古拉斯教堂附近，有一間玩家認為全捷克最棒的Exchange換匯處，這間換匯所幾乎時時人滿為患，它比其他換匯的商店空間大上許多，有較安全的大門阻隔著，進去以後光線明亮，告示板上還清楚標示著各國兌換的匯率。玩家十多年來比較過許多捷克城鎮裡雜七雜八的換匯所後，認為這裡的匯率明顯合理且高出許多，所以玩家從不在別的地方換匯。

走進裡面，匯率告示板下有隱密簡易的小桌子、計算機，可以讓你安心地數算錢，當你要到櫃台換錢時，你可以告訴服務人員要換多少（也是一種彼此的確認），接著他們會將你交付的金額當面數鈔，然後印出一張收據給你，上面標明金額與數目，最後會再當著你的面，將兌換成克朗的錢一張張地算給你看，這樣對彼此都有保障，也表示他們童叟無欺。

另外提醒你，請將錢收妥後再步出換匯所外，以避免被扒手盯上！

地 Kaprova 14

時 週一～日9:00~20:00

規 最低匯兌金額100 €，不會再添加其他拉里拉雜的手續費，經營方式公開而且透明化

克拉姆葛拉斯宮（Clam-Gallasův palác）

這裡是布拉格最美麗的宮殿之一，是個罕見的經典巴洛克式宮殿建築，1713～1719年期間，曾是義大利那不勒斯（拿坡里）總督的官邸。它隱沒在舊城區的人潮裡，但如果你停下腳步凝神一會兒，那撐起宮殿門柱的海格力斯（Hēraklēs）門柱，肯定令你不禁地屏氣凝神。

地 Husova 18

時 有音樂會或展覽時才開放10:00-18:00，週一固定不開放

壯麗的門柱，是設計師的精心巨作，不僅將大力士的屠獅事蹟刻畫與放大，還在兩樓窗台外側加上兩只天使花瓶，將泥膏的可塑性發揮到繁麗的境界，柔麗中帶著狂力，堪稱城裡最極致的變形珍珠。

莫札特與貝多芬曾到此參訪過，卡夫卡也曾在此實習修課，如今它是市政辦公處與城市檔案局。這裡偶爾會舉辦音樂會及展覽，如果遇到這種可遇不可求的機會千萬不要錯過，官邸裡的階梯濕壁畫與超水準演出或展覽，絕對是旅行中額外的超值驚喜。

海格力斯（Hēraklēs）是宙斯與凡人的兒子，半人半神的他，完成希臘城邦阿格斯的國王歐陸斯所交代的十二項使命，自此成為眾人皆知的大力士。

他擁有無比非凡的力氣與勇氣，完成十二項任務之中的屠獅，當他絞死涅墨亞獅（Nemean Lion）後，把巨獅的皮做成衣服，穿在身上。

克萊門特建築群（Klementinum）

除了布拉格城堡，克萊門特建築群是世界上最大的教會建築群，這裡曾是1556年耶穌會在布拉格舊城區成立的第一所大學「費迪南德大學」，費迪南德一世（Ferdinand I.）將耶穌會徵召到布拉格，用意在於幫助復辟天主教、鏟除異己，耶穌會剛到布拉格時，他們便定居在這個前多米尼加修道院裡。

1653～1723年，耶穌會成立「聖克萊門特建築群」，為了鞏固勢力範圍，不惜拆毀32座房舍、7座法院、3個教堂與修道院、幾個花園，占地面積超過2公頃。而後當耶穌會在1773年離開布拉格後直至現今，這裡成為國家圖書館，收藏超過600萬冊的珍貴書籍、手卷。

建築群範圍包括聖克萊門特大教堂、聖薩爾瓦多教堂、聖母瑪利亞教堂（曾以義大利語傳教，故又有「義大利教堂」之稱）、克萊門特學院（內有聖楊內波穆克教堂、鏡子教堂）、天文塔、布拉格國家圖書館。

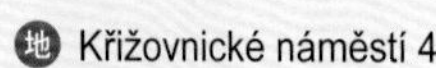

時 每日10:00-17:30

玩家獨家知識牌

耶穌會並非基督教派，原隸屬於天主教派的分支，他們支持教育，建立了良好教育水平的學校（小學、中學和高中），但另一方面，這些學校沒有宗教自由，他們嚴格審查書籍內容，須經過他們認可的書籍才能出版。因為多有爭議，耶穌會最終被驅逐出歐洲各國。

右圖為耶穌會圖徽，克萊門特建築群是耶穌會士在捷克的第一個住所。

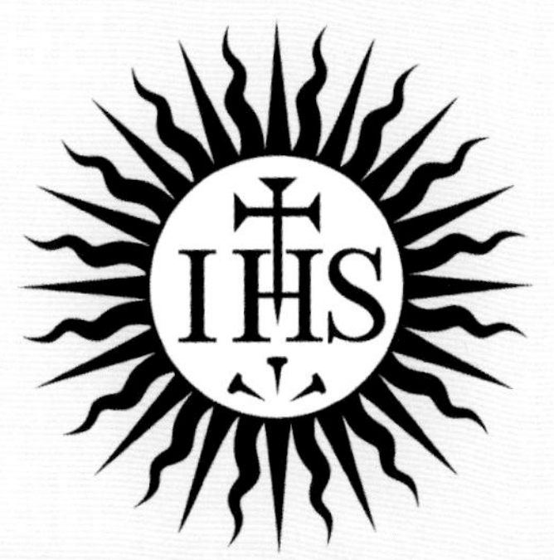

（作者Moranski）

史麥塔納博物館（Muzeum Bedřicha Smetany）

這裡原是1883～1884年新文藝復興風格的舊城區水廠，山形牆面上精緻立體的泥刮壁畫，也是出自於新藝術大師尼古拉斯・阿列斯（Mikoláš Aleš）的手筆，陽光照耀的午后裡顯得格外獨特。

地 Novotného lávka 1
時 週一、週三～日
10:00-17:00
週二休館
$ 成人50 CZK
學生30 CZK

史麥塔納博物館是捷克音樂博物館的一部份，展覽史麥塔納生活與創作相關的各類歷史文物，其中還包括樂譜手稿及鋼琴。

博物館有一個突出的露台，已成為鄰旁餐館的熱門露天餐座，與史麥塔納雕像比鄰相對，擁視伏爾塔瓦河岸（Vltava）與卡爾大橋景致，任何季節都上演著獨特又觸動人心的劇情。

玩家一分鐘談名人

Bedřich Smetana（Johan Per Södermark 1822-1889）

史麥塔納（Bedřich Smetana）出身在優質啤酒釀造商人的富裕家庭裡，由於他的父母都擁有些音樂天賦，於是在耳濡目染下，幼時開始學習小提琴，也從當地鋼琴老師那裡學會彈鋼琴，六歲的時候第一次擁有公開表演的機會。雖然他年少時沒有受過正式的音樂訓練，但他對音樂充滿想像與熱忱，曾在日記中透露，希望自己能成為和莫札特和李斯特一樣的音樂家，而後經由女友母親的介紹，開始接受正規音樂課程。

史麥塔納的音樂細膩如結晶體，他創作的曲調，多數時而浪漫悠揚，時而慷慨激昂，當他發現在布拉格不被認同又無所出路時，便前往瑞典發展，在唱詩班中擔任指揮、音樂教師，而後經過在外多年的洗溹後回到布拉格，決心待在布拉格為音樂及民主全心付出。

這位捷克其中之一偉大的愛國音樂家，印象中的他，總是蓄著邊鬍以掩飾臉部的不完美，原因來自於幼年時臉頰受傷沒有治癒，造成臉部稍有殘缺，更成為長期累積性炎症。研究指出，在他年老時可能因臉上的傷，而導致慢性骨髓感染性炎症，於是他失去了閱讀、說話的能力，甚至出現幻覺，但卻無法阻止他在艱困中繼續創作，直至病情更加嚴重後，伴隨而來的性格受損、恐懼、妄想、不知所云、脾氣暴躁，最後被送進精神院中療養而死去……

跟著玩家逛街購物去

捷克是個很好花錢的地方，重要觀光城鎮的商店數量相當驚人，隨便逛下來也要花上一整天的時間，你需要一個強而有力的內行人帶你精準地花錢、運用時間，在這個裝飾藝術達到極致高峰的城市，荷包是你的本錢，時間是你的奴隸，撥撥秀髮、捲起衣袖，豪邁地血拚去吧！

可搭配以下的店家順序逛街，兼具順路及事半功倍的效果哦！

哈維爾．自由市集（Havelské tržiště）

「自由市集」（Havelské tržiště），位於舊城區的心臟地帶，這個布拉格最具知名度的市集，在古老時期曾是農貿市場，當時販賣全布拉格最好的農產品和花卉，而現今猶如純淨又有創意的藝術品

地 Havelská ulice，從天文鐘步行至此約五分鐘
時 週一～五6:00-18:00
週六7:00-18:00
週日8:30-17:30

一般，在布拉格這個從歷史中淬煉的城市裡，將無價的意義發揮得淋漓盡致，你可以在這裡找到最具捷克代表性的紀念品，還能體驗與捷克人摩肩接踵的市集時光。

小房子生活自然鋪（MANUFAKTURA）

結合各式波西米亞傳統與捷克時下身心視覺概念打造而成的「小房子」，它是捷克當代最超強道地的歷史性商店，來捷克沒有走進這裡購物，絕對是最大、最糟糕的失誤！

地 Melantrichova 17（總店）
時 週一～日，10:00-20:00
$ 保養品約126 CZK起
買 木製玩具、葡萄酒&溫泉&啤酒系列保養品、手工皂、手工彩蛋、傳統布娃娃、玉蜀黍娃娃

這是一間極具捷克風格，並推崇環保的家飾、美妝店，幾乎是捷克人送禮自用必逛的店家，在捷克全境已有37間

分店，堅持以天然並維護生態的精神為經營理念，如果你請捷克人推薦一家必逛的商店，那它絕對排行榜首。

沒有過度加工的產品，所有的木製品幾乎都以原色呈現，顏料也堅持天然無毒，強調細緻的手工、實在的材質，以維持產品的質感，讓人品味到捷克木世界的美好。

如果你想要購買彩蛋與玉蜀黍娃娃，這裡所有的產品都由老奶奶細膩手工製成，繁雜而兼備傳統的作法，是捷克紀念品裡最重要的收藏。

保養品是店裡最受歡迎的品項，榮獲全球唯一有效證書Humane Cosmetics Standard（HCS），禁止在歐盟對動物進行化妝品成分測試，是捷克首度獲得人道化妝品標準國際認證的保養品牌。價格親民、品質優良，如同點心店的空間營造感，空氣裡飄浮著溫暖的香氛氣息，遇到親切的店員時，還會細心

左上 | 奶奶手製彩蛋　左下 | 手工木製品　中上 | 奶奶手製玉蜀黍娃娃　中中 | 啤酒花系列　中下 | 紅酒系列
右上 | 手工皂系列　右下 | 可愛漂亮的服務人員

地為你介紹商品，即使自己一個人，也能輕鬆無壓力挑選與試用各項商品。

千萬不要錯過季節限定版商品，售完絕不再生產，這次沒有買到，下個月要再請朋友幫你帶，你得自行承擔買不到的風險！

布拉格有19家分店，每家分店各有不同的溫馨佈置，可愛漂亮的服務人員會耐心為你解說各式產品的功用，也讓你在毫無壓力下欣賞及選購，走進繽紛又飄著花果香的世界，就像踏進捷克的家，永遠都感到很舒服。

玩家悄悄話

「Manufaktura」在捷克文是「製造廠」之意，它的品牌logo圖案是一間傳統的捷克鄉村小屋，故玩家將此品牌稱為「小房子」，既簡短有力又符合品牌形象，更能深植人心。

在這間布拉格總店購買超過2,000 CZK，還可以直接在店裡申請退稅哦！

施華洛世奇水晶（Swarovski）

地 Celetná 7（總店）
Malé nám. 1（分店）

時 週一～六10:00-22:00
週日10:00-20:00

$ 項鍊990 CZK起

很多人不曉得，其實施華洛世奇的創辦人丹尼爾（Daniel Swarovski）生於北波西米亞，他的父親擁有一間玻璃切割廠，他在那裡練就藝術玻璃的切割技術後，自行研發了一台擁有專利技術的水晶切割器，於是前往奧地利成立公司，以水力能源的方式創造了施華洛世奇水晶。

舊城區有兩間施華洛世奇水晶分店，但玩家相當推薦你前往這間位於Celetná街的總店，除了能充分感受時尚華麗的內部空間，還能欣賞各式琳瑯齊全的商品，服務人員的態度更是專業親切，完全沒有以貌取人的疑慮，也不會因為嫌麻煩而敷衍試戴服務，若你有送禮的需求，還能協助包裝，有打算購買水晶的你，來這裡就對了！

童話股份有限木製玩具店（Hračky u Zlatého lva）

這間玩具店隸屬於童話有限公司（Pohádka sro），位於古時的皇家大道上，店裡提供非常廣泛的木製玩具，有傳統的捷克機械與動力玩具、指套故事娃娃、搖搖木馬、木製房屋&家具、提線小木偶、木製餐具&模型汽車&船隻&飛機&氣球、飛翔的鳥兒、木製拼圖……，還有其他能培養孩子靈巧、敏捷性與想像力的玩具。

你可以在這裡找到捷克境內的各式玩具，這裡不僅是一間玩具店，更如同一個提昇孩童育樂文化，以及保存原創精神的小型木製玩具博物館。在黃金小巷裡也有分店哦！

地 Celetná 32
時 週一～日9:00-20:00
$ 200 CKZ起

菠丹妮（Botanicus）

標榜由天然草本萃取之保養產品，生產過程完全以有機方式，不使用化學肥料、化學噴霧劑，致力於以不刺激你的肌膚為理念。

這間位於布拉格的總店總是擠滿旅行團瘋狂搶購，還聘請中文店員，他們主動獻上95折優惠卷，再加上價格僅是台灣的

地 Týn 3（總店）、Týn 2（分店）
時 週一～日10:00-18:30
$ 手工皂約99 CZK起
乳液約179 CZK起

一半，所以在這種氛圍下很容易引發人心內在的搶購心態，建議你評估自己的膚質與需求後再下手。

並非所有的菠丹妮產品都適合每個人（特別是敏感肌的朋友），你不一定要將所有的保養預算投注在此品牌裡。玩家推薦幾款耐用且適合每個人的產品：「冰島苔乳液」在寒冷乾燥的秋冬季能立即舒緩臉部乾癢現象、「薰衣草全身乳」讓乾燥的身體沈浸在法式芬芳裡、「洋甘菊乳夜」溫合的草本特性適合所有的臉部肌膚使用、「香蕉優格手工皂」適合敏感或嬌嫩的肌膚使用。

並不強力推薦「死海泥皂」，即使是油性、粉刺性肌膚，也不建議經常使用，強力清潔對肌膚是一大傷害，也會降低肌膚對外界的耐受性，建議斟酌購買及使用。

造型家飾店（EXCLUSIVE ART GIFTS）

想讓居家生活增加一些趣味與詼諧感嗎？這間位於提恩庭園後的設計師創意工作室，經過店外很容易被令人會心一笑的創意商品所吸引，彩色香蕉掛鉤、陷進牆裡的槍、看似開花的時鐘、高跟鞋桌燈……出自生活中天馬行空的商品填滿於店裡，走進店裡欣賞一番，讓人不禁要佩服這些精心設計的家飾品，你將微笑的地發現，一成不變的生活中也能添上些莞爾與樂趣。

地 Malá Štupartská 5
時 週一～日 9:00-20:00
$ 590 CKZ起

手工繡字棉品鋪（Ricami Veronica）

在紀念品上標識你的名字吧！這間以純棉居家用品起家的棉品鋪，小店裡盡是濃濃的溫馨風情，圍裙、小包包、圍兜兜、廚師帽、隔熱手套、拖鞋、小小孩衣裙⋯⋯，粉嫩的顏色讓人不禁被這樣的甜美融化了，店裡所有商品都是品質很好的棉料，手工的部份來自於義大利。

地 Karlova 146
（卡爾街一店）
Karlova 12
（卡爾街二店）
時 週一～日
9:00-17:00
$ 約150 CZK起

如果你喜歡鄉村風格的居家棉飾品，那麼來這裡挑幾件素雅中襯托著粉嫩、做工精緻且實用的紀念品吧！店員相當熱情，會幫你繡上名字或想要的字，線的顏色也可以任選，是非常獨特又實用的伴手禮哦！

上左、上中、上右｜卡爾街一店　下左、下中、下右｜卡爾街二店

跟著玩家嚐小食、上餐館

別過於迷戀廣場上的浪漫想像情節，多數廣場上的餐館價格高且口味普通，有時候還會遇上不肖的服務生亂計算結帳金額，你可以在廣場上點一杯咖啡滿足悠閒輕鬆的感受，但玩家並不特別推薦在廣場上用餐。如果你願意的話，請跟著玩家的腳步與順序走進街頭巷尾，品嚐合理且平價的美味小食及餐點吧！

鄉村生活蔬食餐館（Country Life）

如果你以為素食是乏味而難以下嚥的，那麼這間餐館包準打破你的刻板印象，以鄉村生活自己自足的精神概念為主，這裡有如田園生活般的料理與裝潢，讓人在踏入餐館後感受城市裡樸實的一隅，悠閒的用餐時光令人流連忘返。

地 Melantrichova 15

時 週一～週四10:30-19:30
週五
二～三月10:30-16:30
四～八月10:30-18:00
九～十月10:30-17:00
十一～隔年一月10:30-15:30
週六～日12:00-18:00

$ 秤重，每100kg約7 CZK

創始於1998年的餐館，每天更換菜色，以自助方式提供冷熱菜餚、沙拉吧、甜點、健康的水果蔬菜汁，各式生菜與熱食都以有機蔬果為食材，所有的食材皆為自有耕種，採用歐式鄉村蔬食料理手法，清爽又美味，絕不會有吃草的哭泣感。

來到布拉格可不一定要大魚大肉，你可以來上一餐清爽健康的料理，無論你對素食有沒有興趣，走進這裡開始就能泛起一圈圈好奇而愉快的漣漪。拿著餐盤夾了喜歡的食物後，再稱重結帳，用餐空間溫暖舒適，大自然的木桌椅挑動你的食慾，在這裡用餐輕鬆愉快，不僅身體得到了健康，心靈也鬆乏起來。

環境乾淨溫馨，窗明几淨的空間，令許多布拉格人偏愛來這裡用餐，任何時段總能看到平靜獨處或與朋友細語聊天的男女老少，與帶著滿足而愉快的微笑，捷克料理雖然多數是肉類，但蔬果在家庭生活料理中，卻是平實而不可或缺的。

如果你喜歡他們的料理，那麼用餐完畢後，還可以到蔬果食材部門購買有機商品哦！

50年代實境美國風格餐館（RESTAURANT James Deane）

歡迎光臨50年代實境美國風格餐館，走進餐館後，你將留下最深刻愉快的復古印象，巨大而分裂的空間裡，掛滿60幅詹姆斯．迪恩、瑪麗蓮．夢露圖像，以及花了三個月製作的手工木柱。

此餐館是捷克境內唯一提供香草、櫻桃口味Coca-Cola的餐館，每日現製滿足味蕾的美式料理，連服務小姐的裝扮都彷彿從復古海報走出來一般。

這裡的桌椅，靈感來自1952年的雪佛蘭風格的快樂扶手椅，特別為重返懷舊時光而訂製，酒吧前可以看到風靡復古年代的巨星「三位一體柱」：詹姆斯．迪恩、瑪麗蓮．夢露、貓王，最吸引人的莫過於至今仍能播放的可口可樂的自動唱片點唱機，自1949年以來，是歐洲唯一一台保存非常完好的古董。

進來這裡，驚喜的可還不只上述這些，廁所、地下室、休息室……每一隅充滿著價值不菲的古董收藏品與震撼視覺的創作，說這裡是一個迷你美國時光盒絕不為過。

地 V Kolkovně 1

時 週一～五08:00-隔日04:00
週六～日09:00-隔日04:00
最後點餐時間23:00前

$ 經典漢堡約220 CZK
400g肋排約225 CZK
每日甜點約85 CZK
香草、櫻桃可樂58 CZK

玩家悄悄話

許多捷克名人會在夜晚光臨此處，一到晚上就成為瘋狂的夜店，當俱樂部舉辦派對時，氣氛更是沸騰到需要出動保鑣維持流動人數與安全呢！如果你只是單純想要用餐，建議最好在白天光臨，以避開晚上的吵雜不適感。

溫馨村落手工麵包坊（KRUSTA）

在舊城區這個熙來攘往的高物價區域裡，隱藏著一間美味又平價的手工麵包店，也是布拉格當地人經常光顧的店家。店裡的空間只有四～五坪大，卻籠罩著濃濃的鄉村風，從店外探頭，就如同瞄到了小村莊裡的烘焙廚房，不走進去就太可惜了！

地 Karlova 44
時 週一～日10:00-19:00
$ 現烤麵包捲約60 CZK
手工麵包約35 CZK起

店外掛著大大的烤麵包捲（Trdelník），裡頭服務的小姐和帥哥各個都超有個性，他們不會張嘴叫賣，更不會笑口常開，因為主角不是他們，你儘管拿起一旁的小竹籃夾進喜歡的麵包，最後再到櫃台結帳就好。

每一個在籃子裡或架上的麵包都紮實有型，模樣幾近令人瘋狂，在微黃燈光的烘托下可愛到不像話，口味更是道地的令許多當地人一嚐成粉絲。

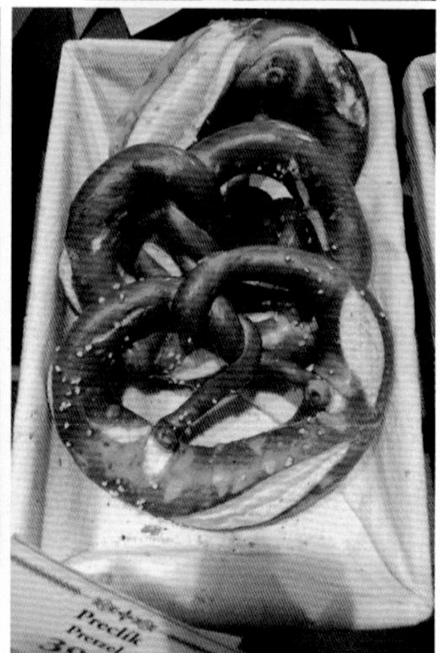

玩家悄悄話

這家麵包坊的烤麵包捲（Trdelník）是玩家的最愛，吃起來就像非常緊實的薄蛋糕麵包圈，酵母香在味蕾輕輕游移，功夫好的店家，能做出極具層次鮮明的口感，讓你能吃完一整個，也不會覺得粗飽口乾，就像是吃到緊實版的蛋糕，香甜得要命兒，即使涼了還能保有好滋味呢！

建議耐心等待麵包捲剛烤好的時候，告訴店員你要哪一個麵包捲，而且要堅持為自己挑個烤到金黃、微焦糖色澤的麵包捲。某些捷克人喜歡吃焦黑一點的，如果讓店員幫你拿，他們好意幫你選的，有些人可能會不喜歡。

你也可以選擇烤麵包捲十冰淇淋的口味，這是近兩年來最流行的吃法哦！

紅色胖貓餐館（Fat Cat Brewery & Pub）

地 Karlova 44

時 週一～日11:00-22:45

$ 漢堡主餐約285 CZK
捷克啤酒拼盤約335 CZK
（自選五款口味）
甜點99 CZK

這間餐館創立的原意是創造一個現代風格的用餐空間，集結了街頭美食於此，讓大家能好好的坐下來，輕鬆舒適地享受大快朵頤帶來的樂趣。

2017年開幕時，餐館專賣美味漢堡和熱狗，堅持手工製作漢堡麵包與肉餅，琳瑯滿目

天花板上黑色鐵絲藝術大胖貓

的漢堡與三明治口味，還有幾款當地的工藝啤酒。沒想到門庭若市，常客越來越多，令老闆決定開發更多與眾不同的餐點，於是捷克酒吧特色菜接力登場，還提供健康新鮮美味的飽足感沙拉、號稱XXXL尺寸的熱狗堡、夾入豐富烤肉與配料的捲餅，啤酒的種類更增加到12款，令人陷入猶豫不絕的點餐樂趣中。

大口咬下美味多汁的漢堡，一次暢飲多款捷克品牌的啤酒拼盤，簡約色調的木桌椅、天花板上的黑色鐵絲藝術大胖貓，店員也相當有親和力，肚皮滿足了，心靈也愉悅了！

金蛇狂舞（U Zlatého hada）

原本是克萊門特教堂的金匠所居住，有著文藝復興式窗框、哥德式的酒窖，連接一旁Liliová街的巴洛克式拱門，正門橘紅色牆面一隅有金色蛇形門牌記號。十八世紀初成為布拉格第一家咖啡館的所在地，二十一世紀的現今，咖啡當然不再稀罕，但你可以在此享用傳統的捷克特色菜，飲用優質的皮爾森啤酒或摩拉維亞葡萄酒，不僅價格合理，每週一和週三，還可以邊用餐邊享受live演奏音樂。

地 Karlova 18
時 週一～日10:00-0:00
$ 主菜約290 CZK起

玩家好眠住宿指南

捷克重要觀光城鎮有多不勝數的旅館、民宿，在價格與品質這兩部份，幾乎呈現M型化的落差。玩家不推薦過於廉價，或過於偏離市中心的入宿處，因為你必須考量到交通、安全、舒適的問題，這都是旅行中相當重要的，不要為了節省費用而忽略這些部份，才能儲備好的精神體力，完成這趟風情萬種的捷克旅行。

我的家公寓（My House Apartments）

位於舊城猶太區克勞森教堂旁，所有的公寓都配有廚房，也提供免費盥洗用品，搭配溫馨且時尚的風格非常誘人。四樓的公寓還能欣賞到老猶太墓園與猶太教堂的景觀，重點是走幾步路就是巴黎街，住一個地方享受兩種不同的環境風情，可說是物超所值。公寓周圍有許多咖啡館和餐館，再加上新穎而有情調的居住品質，就算二度蜜月也很有情調。

地 Maiselova 17
網 www.myhousetravel.cz
$ 標準雙人公寓約淡季69 €起，旺季115 €起（不含早餐）

Check in的地點與入宿地址不同哦！

藍玫瑰飯店（Hotel Modrá Růže）

旅館的名稱為「藍玫瑰」，介於瓦茨拉夫新城廣場和老城廣場之間，靠近城邦劇院，周圍有許多商店和餐館，距離地鐵Můstek站也僅

地 Rytířská 16
網 www.hotelmodraruze.cz
$ 標準雙人房約淡季75 €起，旺季110 €起（早餐9 €／人）

二～三分鐘路程，步行至哈維爾自由市集約一分鐘。

旅館座落於五層樓高的歷史建築中，由於它是棟非常古老的建築，所以每間客房都是獨一無二的格局，找不到大小形狀重覆的，無論是典雅閣樓或挑高型客房，都舒適而獨特，行李大的人也有電梯可使用，服務人員態度也很好，適合預算寬鬆且重視方便性的人。

注意

如果你很在意閣樓太多橫樑的話，可以在訂房時先註明告知哦！

典雅浪漫老布拉格酒店（Hotel Hastal Prague Old Town）

這個旅館是由一個經歷六代的家族所經營，總是持續不斷的革新與裝修，為的就是讓每位旅客進入這裡能感受到布拉格的美好氛圍。它座落在鬧中取靜的小廣場上，面對哥德式教堂，當教堂敲響鐘聲時，讓人有種平靜的安逸感，附近有購物街、餐館、咖啡廳和捷克小超市，步行到猶太區約四分鐘，到舊城廣場約八分鐘。

旅館大廳還貼心的提供免費飲品，經典式客房以古典清新風為主，針對蜜月的夫妻還能特別安排浪漫陽台蜜月套房，服務人員友善Nice，有什麼問題都可以直接反應，也會迅速地為旅客處理，接待區還瀰漫著濃濃的十九世紀末氛圍，體驗歐洲布拉格美好時光就從踏入這裡開始。

地 Haštalská 16

網 www.hotelhastalprague.com

$ 經典雙人房約淡季69 €起，旺季84 €～119 €起（含早餐）

注意

某些房間在六樓的閣樓，是天窗房型，而電梯只到五樓，若你不喜歡閣樓，在訂房時要註明告知哦！

神奇布拉格第二站

卡爾大橋（Karlův most）
小城區　（Malá Strana）

撩撥藍色水氣裡的自由渴望

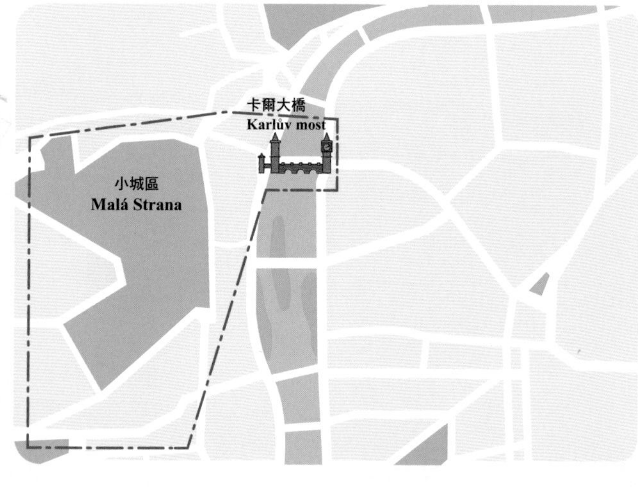

撩撥藍色水氣裡的自由渴望

卡爾大橋（查理大橋）是連接舊城區與小城區的美麗道路，它是橫亙伏爾塔瓦河中最壯麗的一座橋，是歐洲最美的老橋之一，通過這條橋後即是小城區。

十三世紀國王歐塔卡二世（Přemysl Otakar II.）統治時期，小城區的居民主要是國王邀請來的德國日耳曼民族工匠、各類特殊技士，這裡是皇家應許區域，居民享有許多特權。

小城區的範圍是過了卡爾大橋後，從城堡區的山下延伸至佩崔山丘的區塊，歷史悠久並以巴洛克建築風格為主，氣勢非凡的聖尼古拉斯教堂，與古樸的巷弄，散發著濃厚的中世紀風情，從二十世紀以來，是許多電影與廣告最愛的取景之處。

遊賞小城區大約只需要花一天的時間，如果有較寬裕的時間深入各景點，你可以悠閒地在此漫步兩天，也建議結合城堡區規劃三天的行程。這裡

的人潮不算少，但較不似新、舊城區的人潮洶湧，古意十足的石板路與穿梭街道的電車，讓這裡洋溢著一股活力與愜意的生活風格。

小城區是個可愛的地方，尤其是在上了燈的夜裡，比新城、舊城區安靜，漫步在幾乎空無一人卻亮著微光的街道上，如遊走在另一幕布拉格低調平實的情節中，無論白天或夜裡，這裡總是散發著引人入勝的仿古雅緻。

小城區結合了斯拉夫、日耳曼兩個民族的心靈情感，猶如一首輕快的爵士樂曲，特殊而有趣的商店充斥在巷弄間，傳統與時尚餐館每兩、三步就能遇上，魅力風情在午後時段發揮到淋漓盡致，在熱鬧與安靜間流暢轉換、和平共處，如此隨和且友善的小城區，是你一定要深入感受的區域。

交 卡爾大橋：從舊城廣場一路沿著卡爾街直走到十字騎士廣場前。
小城區：從舊城區的卡爾街步行穿越過卡爾大橋後就可以抵達小城區。

遊客資訊服務中心 ⓘ

地 卡爾大橋的小城區橋塔旁 Mostecká 4

時 只有四月～十月底開放服務 週一～日10:00-18:00

跟著玩家打卡逛景點

只要照著玩家條列的經典必參觀景點，依序探訪每個重要景點，不再像迷途羔羊、不必再昏頭轉向，走過的景點就為它打上個勾，你會好有成就感，又好踏實有收獲哦！

卡爾大橋（或譯查理大橋）（Karlův most）

卡爾大橋的前身原本在十世紀時只是一座木橋，但大量的河水總是讓人民飽受威脅，於是在1170年，弗拉迪斯拉夫二世國王（Vladislav II.）將它改建為茱迪丁石橋（kamenný most Juditin）以維持長久使用，但在1342年又因洪水而嚴重損壞，直到1357年，卡爾四世國王（Karel IV.）決定將這座危險的橋重新打造為長515米、寬10米，以及由十六個16.62～23.38米的石墩托起、堅固耐用又雄偉寬敞的羅馬哥德式大橋。

關於卡爾大橋的動工時間為1357年7月9日早晨5:31，這是算過天文學的代表數字，占星學家建議卡爾四世在這個時候動工，能確保它傳承的長久性，並能使國家安全富裕。

KAFKA MUSEUM

左｜卡爾大橋西岸下最美的人工島嶼「康帕島」　右｜卡爾大橋上的聖徒雕塑

最新的研究指出，卡爾大橋最初由建築大師奧托（Otto）開始建造，直至彼得巴勒（Petr Parléř）在1402年完成。雖然這座橋是由卡爾四世下令重建的，但在1870年以後才正式稱為「卡爾大橋」。

橋樑上的三十個聖徒雕塑，是於1683～1928年間逐步增飾的，從1965年開始，所有的雕像都逐漸被移至國家博物館展出，取而代之的是複本。

無論是哪一個季節或時段，都能從橋上飽覽沿岸的景色，視覺與思緒總是能得到最極致的滿足。

玩家悄悄話

玩家習慣以捷克文的唸法音譯多數景點與城鎮名稱，所以一般旅遊書翻成的「查理大橋」，其實以「卡爾大橋」稱呼較貼近音譯。

別忘了在卡爾大橋上的街頭藝人攤販，買棟模型小房屋哦！

玩家卡麥拉

電影《不可能的任務》（Mission: Impossible）中，率領阿湯哥與其他探員的隊長吉姆，在橋上偽裝被殺害，阿湯哥也在橋上目睹另一位探員的死亡；《騙行無阻》（The Brothers Bloom）中，男女主角計劃竊取布拉格城堡裡一本貴重的書，得手後在卡爾大橋上看見自己放置在布拉格城堡裡的炸彈爆炸了。

聖楊內波穆克雕像（Sousoší Sv. Jan Nepomucký）

卡爾大橋上有座聖人雕像總是受到大家的關注，每個人都願意安靜地排隊等待觸摸聖人事蹟板，祂是橋上最古老的雕像「聖楊．內波穆克」。

地 從舊城區塔橋往卡爾大橋上走到右手第八座聖人雕像

楊．內波穆克（Jan Nepomucký）是布拉格大主教身旁的副主教，當時繼位的是瓦茨拉夫四世國王（卡爾四世的兒子），某日因蘇菲王后與副主教告解一事，國王想從副主教口中得知告解的內容，但副主教堅持不吐露，國王下令嚴刑拷打他，但他依然死守秘密，於是在晚上九點時，將被拷打到遍體鱗傷的副主教丟入伏爾塔瓦河中，隔日河上升起了五顆星星，民眾在此找到了楊的遺體……

五顆星星象徵著五個字母的拉丁詞「tacet」（無聲），楊．內波穆克拒絕服從世俗統治者的命令，祂堅持遵從神的律法，拒絕透露蘇菲王后告解秘密的意志，令祂被追諡成為聖人Svatý Jan Nepomucký。

玩家獨家知識牌

雕像下有兩塊事蹟板被遊客摸的閃閃發亮，你知道為什麼要觸摸事蹟板嗎？也請記住，別摸錯地方了！

你必須用左手觸摸右邊事蹟板上被丟入河中的小小人偶，祂就是聖楊．內波穆克，在觸摸的同時，也請在心中誠想祂的傳說，並感念他的忠信，據說能讓你得到好運，並重返布拉格哦！

聖尼古拉斯教堂（Kostel sv. Mikuláše na Malé Straně）

布拉格小城區的聖尼古拉斯教堂，是阿爾卑斯山以北最有藝術價值之一的巴洛克式建築，它與舊城廣場旁的聖尼古拉斯教堂皆出自於迪恩森霍夫家族（Dienzenhofer）父子及其後代的手筆，青銅塔頂搭配上雪白牆面，聖潔中帶著唯美的氣息。

教堂內柔和且莊嚴，卻散發著浪漫的肅麗，潔白的聖人雕塑，穹頂之上漫覆著繁麗的濕壁畫。教堂圓頂直徑達20米，大理石走道高度達50米，不僅有一座80米鐘塔，還有一座長達6米並超過4,000個鋼管的管風琴，是莫札特在布拉格停留時曾使用過的古老管風琴，平日晚上還有音樂會表演，音質效果與演出曲目堪稱醉人且優質。

地 過卡爾大橋後步行約5分鐘

時 十一月～隔年二月
每天9:00-16:00
三月～十月
每天9:00-17:00
12/24平安夜關閉

$ 教堂入內
成人70 CZK
學生50 CZK
登塔
成人90 CZK
學生65 CZK

玩家悄悄話

玩家大力推薦喜愛參觀教堂的你，一定要前來感受這個唯美又震撼人心的聖地，以大理石精雕細琢的巨大聖人塑像實在超級壯觀，教堂裡的氛圍平靜美好，明亮滑順的光線襯托出內飾的華麗風貌，卻不顯奢靡刺眼，花70 CZK入內參觀，完全合理且超值。

玩家卡麥拉

由於教堂裡華麗與神祕交錯，成為電影《凡赫辛》（Van Helsing）中，吸血鬼德古拉引誘凡赫辛前往解救女主角的萬聖節舞會場景。

聶魯達瓦街（Nerudova ulice）

它的形成是歐塔卡二世國王在打造小城區後所開通的街道，也是古時國王加冕時皇家大道的一部分，通往雄偉的布拉格城堡。

1849～1857年間，捷克著名詩人文學家揚・聶魯達（Jan Neruda）居住在47號的「雙陽屋」，他在這裡獲得源源不絕的作品靈感，故在二十世紀時，將此街命名為「聶魯達瓦街」。

地 從聖尼古拉斯教堂步行約2～3分鐘

47號雙陽屋與雙陽圖徽

自1895年以來，聶魯達瓦街成為布拉格最美麗和浪漫的街道之一，充滿文藝復興式、巴洛克式建築元素，讓這裡散發著獨特又迷人的風格。

聶魯達瓦街散發著獨特又迷人的風格

聶魯達瓦街的特色之處在於不僅保存美麗的歷史建築、古老華麗的門，還有歷史悠久的房屋標誌，這些標誌正如同當時的「門牌號碼」，也代表著房屋主人的職業或身份地位。

陡峭筆直的主街、鱗次櫛比的建築，見證了布拉格的歷史；琳瑯滿目的紀念品店、層樓疊榭的餐館，見證了你曾在此渡過的瑰麗時光。

華倫斯坦宮（Valdštejnský palác）

華倫斯坦是一位勇敢睿智的偉大將軍，他為皇帝率軍並效命，勇猛果敢的個性令他屢戰屢勝，但招致功高震主而慘遭暗殺，因此捷克音樂之父史麥塔納曾為他寫了一首名為〈華倫斯坦之軍營〉的樂曲。

地 從聖尼古拉斯教堂步行約13分鐘

時 四～十月10:00-18:00

$ 佛心來著免費價

華倫斯坦身為公爵，最強盛且富有之時，他在城堡區下建立了這座豪華壯觀的宮邸，想與布拉格城堡相互匹敵，宮邸中總共有23棟房舍、3座花園與窯廠。

華倫斯坦（Anthony van Dyck，1636-1641）

花園裡佇立著繪有濕壁畫的「薩拉涼亭」（Sala terrena），裝飾著關於希臘羅馬神話寓言的青銅藝術品，還有精心設計的水池與綠蔭小

華倫斯坦花園

上左 | 雕塑家阿德里安的青銅作品　上右 | 海格力士水池　下左 | 薩拉涼亭濕壁畫──特洛伊戰爭
下右 | 青孔雀、白孔雀

道……，彷彿能看見當時的華倫斯坦是如何以意氣風發之姿態打造屬於個人風格的宮殿。

自1992年以來，此處為國家參議院，是布拉格最大的歷史宮邸，在1995年被列為早期巴洛克式國家文化古蹟，並在2003年受歐盟頒發文化遺產獎項。

華倫斯坦宮的花園裡豢養著青孔雀，還有珍貴的白孔雀，牠們被精心的呵護著，毛色鮮明柔順，池塘裡偶爾也能看到雁鴨哦！

勝利聖母教堂（Kostel Panny Marie Vítězné）

地 Karmelitská ulice
時 週一～六8:30-19:00
週日8:30-20:00
$ 請隨心捐獻

比利時有聞名於世的尿尿小童，而布拉格則有一位能化腐朽為神奇的「布拉格小童」，這裡每天湧入眾多的遊客，只為一睹祂的風采與衣袍。

始建於1611～1613年的巴洛克式教堂，前身原本是加爾默羅教堂（kláštera karmelitánů）的女修道院，在1620年後成為早期的新教胡斯教會。在1628年時，一位西班牙的波莉西娜女伯爵（Polyxena z Lobkovic）捐贈了一座聖嬰像給教會，聖嬰不但幫助布拉格不受瘟疫影響與掠奪，也令教堂不受戰爭任何傷害，是天主教裡最受尊敬的雕塑之一。

在1638年三十年戰爭期間，聖嬰曾經神祕地失蹤了，當祂再次被發現時，竟然在祭壇後，而且手是斷掉的，於是快速進行修復。崇拜這座聖嬰的信徒，以西班牙、義大利、拉丁美洲國家為主，最遠還到菲律賓。

聖嬰的兩旁，有來自世界各地信徒感謝祂幫助的「感恩石板」。

左 | 瑪麗亞・泰瑞莎女王致贈。　右 | 中國致贈。

教堂內提供隨身聖嬰像＆禱文小卡，還貼心地翻譯成各國語言，只要隨心捐獻些克朗即可拿取。

聖嬰高45厘米，祂的右手是祝福手勢，左手托著鍍金的十字地球儀，頭載皇冠，安置在右邊的祭壇上，你只要留意最多人潮聚集的角落就對了！

聖嬰有2個皇冠與46件衣袍，值得一提的是，奧匈帝國的瑪麗亞．泰瑞莎女王也親手為聖嬰縫製了一件，美麗衣袍是各國的誠心致贈，還有中國、韓國、越南款式，根據重要宗教節慶與氣候為聖嬰更衣，你可以在教堂二樓的博物房看到某些衣袍的展示品。（玩家覺得台灣也能致贈一套，促進國際交流。）

如果你也想收藏聖嬰紀念品，教堂外有幾間專門在賣迷你聖嬰的店家，買氣很旺哦！

佩崔山丘（Vrch Petřín）

佩崔山丘高約327米左右，是布拉格中心浪漫的綠洲，有著美麗而大面積的綠色植物，是莉布謝公主預測布拉格誕生且榮耀觸及星晨的傳說之地，也是紀念Karel Hynek Mácha、Jaroslav Vrchlický、Jan Neruda……等著名詩人、作家的所在，是愛的永恆象徵。

據推測，這座山丘的植物屬於原始物種，中世紀時已是森林，從來沒有消失

地 從勝利聖母教堂步行約5分鐘，接續搭乘Újezd山景電車上山

Újezd山景電車

左 | 飢餓之牆　右 | 鏡子迷宮

下 | 山景

過，令人驚訝的是它幾乎是首都的心臟。連結4座公園的佩崔，可搭乘Újezd電車抵達山頂，能俯瞰布拉格壯觀景色，山頂上有小巴黎鐵塔、飢餓之牆、鏡子迷宮，是布拉格當地人的休閒好去處。

佩崔瞭望塔（小巴黎鐵塔）（Petřínská rozhledna）

布拉格的這座佩崔鐵塔，靈感來自巴黎艾菲爾鐵塔，有「小巴黎鐵塔」的美名，起源於參加過1889年巴黎世界博覽會的捷克旅遊俱樂部會員，他們在看過巴黎鐵塔後，認為布拉格也應該有一座屬於布拉格的鐵塔。1891年3月16日開始興建，在同年8月20日完成並正式開通。

這座瞭望塔的位於海拔324米處，總高度為63.5米，塔中央巧妙地隱藏著299階樓梯，不僅考驗你的腳力，更衝擊你的眼力，塔身細膩而耐震、小巧柔美，可以遠眺伏爾塔瓦河沿岸，將布拉格的美盡收眼底。

地 從勝利聖母教堂步行約5分鐘，接續搭乘Újezd山景電車上山，達頂站後下車約步行5分鐘

時 十一～隔年二月10:00-18:00
三、十月10:00-20:00
四～九月10:00-22:00
閉塔前三十分鐘為最後登塔時間

$ 成人150 CZK
學生125 CZK
搭乘電梯額外增加30～60 CZK／人

跟著玩家逛街購物去

捷克是個很好花錢的地方，重要觀光城鎮的商店數量相當驚人，隨便逛下來也要花上一整天的時間，你需要一個強而有力的內行人帶你精準的花錢、運用時間，在這個裝飾藝術達到極致高峰的城市，荷包是你的本錢，時間是你的奴隸，撥撥秀髮、捲起衣袖，豪邁地血拚去吧！

玩家悄悄話

可搭配以下的店家順序逛街，兼具順路及事半功倍的效果哦！

波西米亞水晶（Bohemia Crystal）

地 Mostecká 13

時 週一～日11:00-18:00

$ 約250 CZK起

買 水晶動物飾品
單顆心型水晶項鍊

這間已經營業十多年以上的波西米亞水晶店，裡頭的水晶飾品和擺飾價格合理，不僅有可愛的水晶小動物擺飾、水晶項鍊、美麗的水晶燈，還有許多實用的水晶生活用品，全是送禮自用的好選擇。

如果你沒有過多的預算收藏摩瑟水晶（Moser），或許可以考慮購入這裡的水晶產品。由於這裡的水晶走平民風，所以不會有奢華的包裝，但你可以請店家附上一張品質貼紙，貼在包裝好的小盒子或商品上。

老闆與老闆娘相當親切有禮，對自家產品非常自豪與驕傲，更有自家專屬的水晶工作坊，十年來不斷精進水晶切割技術與創新產品項目，玩家從十年前就開始不定期到此消費。

店主Josef Slánský賢伉儷

老闆的名字是Josef Slánský，是一位溫文儒雅且友善的先生，由他來為你介紹各類水晶產品，再適合不過，若遇到他駐店，千萬要把握機會請他為你服務。（拿出此書給老闆看他的照片，相信他會更盡情地揮灑他的專業哦！）

玩家小叮嚀

提醒你，無論是到哪一家店買水晶，你都要親手鑑定、親眼見證店員將你所要的水晶包裝好，交到你的手上再付錢，因為誰也不能保證商品是否會在你沒有看到的過程中受到損壞或調包。

玩家教你認識捷克水晶

「歐洲水晶」並非天然水晶，是將玻璃經由添加氧化鉛或二氧化矽，以增強硬度，進而確保在切割並研磨後能達到高優質透射感及澄透感的人工水晶製品，經過一連串耗時費力的程序後，令這件「玻璃製品」的折光率超越完美、更加耀眼，可說是玻璃製品中的頂極藝術品。一件美妙的水晶製品，必須和鑽石一樣，有著標準精細的切功，如此一來，只需要少許光線就能將它折射出閃爍的七彩光芒。

不同國家與品牌的水晶會添加不同的成分，某些知名的水晶品牌，以添加氧化鉛讓玻璃水晶達到完美的澄透度及硬度，但氧化鉛是非常不環保的材質，許多堅持環保的國家則不會使用這項元素。而捷克水晶便是添加二氧化矽，在玻璃內加入此元素，能讓玻璃水晶穿透折射出更加完美的光芒，又能兼顧環保，但是它的成本卻比氧化鉛高，硬度也沒有添加氧化鉛來得硬，不過絕不影響它的使用功能，反而讓你用得更安心哦！

禮品之家（FACTORY SHOP）

禮品之家販售的商品全都與布拉格有關，尤其以慕夏、卡夫卡的小紀念品最受觀光客歡迎，最特別的商品就是捷克路牌掛飾，把布拉格的街道搬回家，讓家裡成為布拉格的一份子。

地 Nerudova 26
時 週一～日11:00-18:00
$ 紀念品約100 CZK起

店裡有許多實用的紀念品，小小的空間裡擺放了許多生活好物，會吸引喜歡將旅行概念融入家飾用品的人。

玩家悄悄話

距離禮品之家附近不遠處，是「國寶鑽石鉛筆」（KOH-I-NOOR）在布拉格的正式分店哦！如果你不在意這裡比南波西米亞區分店多一點點的價格，刺蝟鉛筆可以回布拉格再到此總店購買（地址：Nerudova 13）。

店員很隨和，即使慢慢看也不會有壓力，布拉格系列生活用品、厚實逗趣的馬克杯、生動綺麗的磁鐵、創意詼諧的T恤、可愛療癒動物商品……，還有小房子保養品也能在此購得，簡直是個包羅萬象的小世界。

每一趟旅行的最後一天，那陽光殘酷的昇起，你的心也會昇起捨不得離去的思緒，但你可以用另類的方式把布拉格帶回家，讓這些紀念品無所不在的跟著你、為你的生活貢獻心力，讓你每一天都能想起在布拉格的愉悅好心情！

陶器之家（VŠÍM MOŽNÝM）

商店外掛著一只熱氣球，大大的櫥窗裡展示著豐富的陶製家飾品，走入店裡更會讓人感受到：原來陶製品也能如此創意且有趣！

- 地 Nerudova 45
- 時 週一～日10:00-19:00
- $ 熱氣球約490 CZK起
- 買 陶器熱氣球吊飾、陶製藝品

除了飛行船造型熱氣球，店裡還有許多藝術家創作的特殊造型藝品，這森林精靈與天使、小動物們是不是也很可愛呢？

這裡買氣最旺的就是陶製熱氣球及鈴鐺，琳瑯滿目的熱氣球懸掛在店中央，造型精緻、色調繽紛，每一只都是從頭到尾遵循手工製作，飛行船造型熱氣球更是搶手商品哦！

昆蟲木偶之家（OBCHOD LOUTKAMI）

以昆蟲、精靈、小丑為靈感的木偶為招牌商品，店門板上裝點著幽默與引人注意的鮮明主題，小小的店裡展示與販售經典型木偶，怪誕詼諧的氛圍，令人如同掉入十九～二十世紀的木偶小商店。這裡還販售小型木製藝品，即使沒有高預算購買提線木偶，也有獨特的紀念品可選購哦！

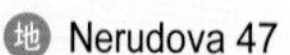

地 Nerudova 47　　$ 約990 CZK起

時 週一～日10:00-19:00

木偶木偶（LOUTKY MARIONETY）

地 Nerudova 51

時 週一～日10:00-19:00

$ 約790 CZK起

經營時間超過十年以上的「木偶木偶」，店外偶爾站著一個老巫婆木偶招攬客人，還擺放著古老的造型木偶，大大的店門板有逗趣的巧思，可以拉動桿子讓門上的人臉挑眉、眨眼。

走進店裡，如同來到童話世界，各種童話裡的人物出現在眼前，每一件作品還附上知名作者的照片與介紹，親切的店員還會示範如何操作木偶，也會細心介紹著你感興趣的木偶。

這裡還有莫札特與卡爾四世等名人木偶，公主與三頭龍的木偶也總能吸引遊客的目光，仿古的片削手工木偶絕對有收藏的價值。如果你受夠了隨處可見且質感一般的紀念品型木偶，這裡和卡爾大橋下的「特杜哈木偶」一樣，是內行人下手的絕佳選擇。

上4 | 手工削製、上色的木偶臉龐，五官既柔和且深邃，重現經典的樣貌。

下左 | 人臉門板

下右 | 偶爾駐店的奶奶級店員，親切友善。

跟著玩家嚐小食、上餐館

小城區的餐館多到令人眼花撩亂，一不小心可能淪為黑心服務生買單灌水下手的對象；你是否有一種旅行時上餐館的困擾，菜單一拿到手後莫名的燃起「該如何點餐」的慌張感呢？如果你願意的話，請跟著玩家的腳步與順序走進街頭巷尾，品嚐價格合理與平實的美味小食與餐點吧！

買朵玫瑰浪漫舔下肚「以愛為名」（Amorino）

地 Malostranské nám. 25
時 週一～日9:00-22:00
$ 小玫瑰形冰淇淋95 CZK（任選三種口味）
馬卡龍50 CZK

冰淇淋讓兩位童年的朋友，決定成為未來的工作夥伴與永遠的朋友，成立於2002年的「以愛為名」，兩位創始人想以家鄉的道地義大利冰淇淋魔力來滿足每個人，他們的熱情反應在品質、一致性、愉悅和品味的嚴格標準，以及商店舒適的氛圍。

商店的目標是盡可能製作出最高品質的義式冰淇淋，不含人造色素或調味品，冰淇淋的製作從最嚴格的原料選擇開始，嚴選有機的食材、訓練有素的師傅，以耐心和技巧製作出每款新口味，商店的基本原則是堅持絕對不添加著色劑或人造香料。

冰淇淋不再是傳統的螺旋形與球形，而是浪漫優雅的玫瑰花形，你可以任選三種口

左｜琳琅滿目的口味、鮮鮮欲滴的色澤　中｜玫瑰冰花　右｜繽紛馬卡龍

味製成你個人專屬的玫瑰冰花，從店員手中接過冰花後，你不禁要多欣賞一下，因為實在美得令人捨不得太快品嚐呐！

夏日裡有玫瑰花形冰淇淋、水果冰沙、冰咖啡，秋冬能來杯義式熱咖啡，甜點也令人愛不釋口：鬆餅、可麗餅、馬卡龍、各式時令傳統義式餡餅＆糕點……

想帶點伴手禮回家嗎？這裡還販售義式手工餅乾＆糖果、巧克力、茶包、酒醋，浪漫又奔放的義大利時光就從走進這裡開始！

超值午餐時光「修道院之屋」（Restaurace PROFESNÍ DŮM）

這家餐館位於聖尼古拉斯教堂旁的地窖裡，曾是十七世紀耶穌會建築，它的外觀並不特別起眼，幾乎是隱藏在建築物裡，是捷克人宴會與用餐的祕密基地。餐館建築的二樓以上是卡爾大學的數學及物理教室。

保存良好的壁畫與地窖建築空間別具特色，除了提供主菜單上合理價位的料理外，還供應價格親民的平日超值午餐（週一～五11:00-14:00），玩家很喜歡這裡道地的捷克傳統料理，還有隱密又獨特的氣氛，令人感到舒適自在。餐館最擅長的是傳統捷克燉肉料理，蔬食主義料理還有捷克家常炸磨菇。

地 Malostranské nám. 25

時 週一、日11:00-17:00
週二～六11:00-20:00

$ 平日超值午餐湯品25 CZK起、平日超值午餐主餐約99 CZK起，軟性飲料30 CZK起、每日例酒35 CZK／杯

提醒你，許多布拉格民眾特別喜歡來此用餐，所以建議於用餐時段提早前往入座，以免客滿沒位就掃興了！

走進北歐風情的「三隻鹿」（U Tří jelínků）

小城區是僅次於舊城區的黃金地段，此區的餐館多不勝數，價格也頗高，品質參差不齊，但就在聶魯達瓦街的極好位置上，座落著一間別出心裁的餐館。

餐館外妝點著季節花朵與綠色植物，餐館室內保存了哥德穹窿的結構，視覺上以白色基底調配上微量粉色，降低了純白色的冷冽感，黑白色調的木製餐桌椅，巧妙地利用溫暖的黃

地 Nerudova 4
時 週一～日10:00-23:00
$ 每日特餐約190 CZK（前湯＋主菜）
湯50 CZK
傳統主菜180 CZK起
家常甜點59 CZK起
飲料50 CZK起

色燈光，秋冬時壁爐裡還燃燒著熊熊火焰，綠意盎然的植物為室內帶來了生氣與清新，似乎走進了北歐的小屋，頓時感到溫馨湧心。

　　餐館提供捷克傳統料理與創意料理，食材堅持來自國產，主廚還會隨心裝飾排盤，不僅提供拿手的捷克肉類料理，還有精緻可口的蔬食料理，有捷克道地炸起司，也能點到野味烤兔肉與燉鹿肉，還能品嚐到義式燉飯或核桃藍起司麵，選擇性豐富，服務人員也很親切、有個性。

　　在此用餐，享受北歐風情的房舍氛圍，似乎能看到躲在角落羞澀看著你又想靠近你的三隻麋鹿，步出餐館又是等著你的中歐世界！

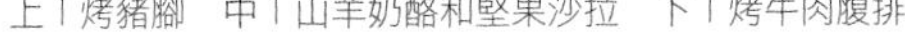

上 I 烤豬腳　中 I 山羊奶酪和堅果沙拉　下 I 烤牛肉腹排

薑餅博物館（Gingerbread museum）

　　薑餅博物館是布拉格最香甜夢幻的小天堂，誰說博物館一定要占地寬廣，這裡的意境猶如薑餅般精巧甜美，小小的空間裡全是香味四溢的薑餅、甜點與相關材料。

地 Nerudova 9
時 週一～日9:30-18:30
$ 薑餅50 CZK起
甜心捲約30 CZK起
酥皮鮮奶捲50 CZK起

　　這裡是捷克薑餅最大的銷售博覽會，所有的薑餅都是手工製作，空氣裡飄著迷人的香料與糖味。多年來，薑餅博物館與波西米亞和摩拉維亞的15家薑餅工坊建立了合作關係，每個人都有製作薑餅的秘訣和獨特裝飾技巧。

上左、上右 | 薑餅甜食小天堂

每一位製作者就如同藝術家，不受博物館任何規則和特殊要求的約束，讓他們能發揮無窮的創造力。每批薑餅都是不同的，根據季節、天氣、製作者瞬間情緒而變化，每一塊薑餅都是幻想、詩意和藝術品。

製作薑餅需要耐心和想像力，需要花費許多時間，薑餅博物館裡繽紛的色彩、俏皮的精神，彷彿以烘烤創造出一塊塊的童話故事，它們可以成為致贈親友的禮物，也能傳達你的祝福與願望。

你還可以在這裡找到許多製作的材料與模具，欣賞這些美麗可口的薑餅更能為你帶來烘焙靈感哦！

閒情逸緻巧克力店「布拉格巧克力」（Pražská čokoláda）

捷克巧克力並不特別被介紹，不過捷克巧克力卻相當美味。成立於2005年的Pražská čokoláda是個巧克力家族企業，旗下有四個巧克力品牌和一個錫蘭茶品牌，在2016年獲得「最佳口味」（Great Taste）獎項，並拓展到杜拜與阿曼設點。

位於小城區的分店，門板以可愛精美的復古造型呈現，門板上重點式介紹店裡販售的商品，門口有隻可愛的鐵製造型烏鴉，牠正推薦店裡美味的巧克力。走進店裡是明亮簡潔的空間，雪白的穹窿、配上刷白的木質地板，復古櫃台巧妙地內嵌在暗色調裡，參觀時令人感到輕鬆愉快。

店家強調他們的巧克力都是在布拉格製作，所以不用擔心巧克力的來源，且多數是無麩質成份，價格也相當合理，還販售美味的冰淇淋，即使不習慣巧克力口味還能選擇水果口味，逛累了想來杯茶或咖啡也沒問題。

所有的巧克力被精心地陳列在嶄新潔白的架子與桌上，讓人一目瞭然，口味多樣化，但基底

地 Nerudova 19
時 週一～日9:00-17:00
$ 約55 CZK起

這不是肥皂哦！它們是紮實純粹的巧克力塊，還有這款名為「一公斤的幸福」，它們都是最甜美的重量。

巧克力成份卻很香純，要在這樣的區域找到平價的巧克力伴手禮實在難得，還有包裝精美的禮盒可以挑選。

也有結合布拉格名人創意包裝的巧克力伴手禮（卡爾四世國王、音樂家德弗札克）。

來布拉格也可以找到保留原味又別出新裁的巧克力紀念品哦！

七隻蟑螂（Krčma U Sedmi švábů）

地 Nerudova 31
時 週一～四12:30-23:00
週五～日11:00-24:00
信 info@7svabu.cz
$ 主菜約225 CZK起
甜點約75 CZK起
啤酒約29 CZK起
中世紀宴會秀980 CZK
（須預約）

別被七隻蟑螂的店名嚇壞了！這裡不僅沒有半隻蟑螂，還流瀉著中世紀音樂，熒熒燭火襯著地窖、騎士狩獵廳的氛圍，還有往來穿梭、豪氣可愛的女僕，是布拉格赫赫有名的人氣主題餐館。

如果想要體驗中世紀時光，絕不能錯過每週五、六晚上八點熱烈展開的中世紀宴會秀，live傳統音樂演奏、中世紀決鬥、擊劍、吉普賽舞蹈、噴火……，還能品嚐到波西米亞中世紀美食（包含鹿肉），餐點和飲品更是傳承自十五～十六世紀的古老配方。

最特別的是，這裡供應由皇帝魯道夫二世核准的國王啤酒（Krušovice Pivo），還有超夯的中世紀蜂蜜酒（Medovina），不敢喝啤酒卻想嚐鮮的人還可以來杯無酒精啤酒哦！

玩家好眠住宿指南

入宿小城區有個好處，前往卡爾大橋和城堡區非常方便，這裡也不似舊城區熙來攘往，無論是在交通、景點、拍照、用餐各部份都擁有很高的便利性哦！

典雅安靜的河岸旅館「康帕」（Hotel Kampa Garden）

位於卡爾大橋下世界排名第二美的城市島嶼上，布拉格當地人很喜歡在這鬧中取靜的橋下散步，這裡也是電影《不可能的任務》重要的拍攝場景，入宿於此可以享受白晝變化的河岸之美，前往布拉格各重要景點也很迅速。

服務人員友善，房間樸實整齊，雖非豪華富麗，但毗鄰於公園和河流的獨特位置，是旅行中最難能可貴的入宿優點。

地 U Sovových Mlýnů 9
網 www.kampagarden.cz
$ 雙人房淡季約9 €起 旺季約119 €起（含早餐）

復古設計旅館「薩克斯」（Vintage Design Hotel Sax）

如果你正在尋找一個獨特的布拉格住宿經驗，如果你厭倦了古典貴族或新潮時尚的選擇，你可以在這個旅館中享受復古活潑的五〇～七〇年代風情，體驗豐富的幾何形狀、繽紛跳色的視覺饗宴。

地 Jánský vršek 3
網 www.hotelsax.cz
$ 標準雙人房淡季約60 €起，旺季約115 €起（含早餐）

一步入旅館，你將被大膽的色系及前衛的空間震驚，一切是如此的強烈卻又和諧，如同散發著波西米亞精神的藝術畫廊。

最美麗的日子從早晨開始，這裡的早餐如藝術品般美麗可口，下午五點還免費供應午茶與傳統捷克糕點。旅館服務人員傳遞出的親切、熱忱態度，正如同這棟建築，所帶給你的樂趣之一。

一進玄關就小尖叫的「威廉旅館」（Hotel William Prague）

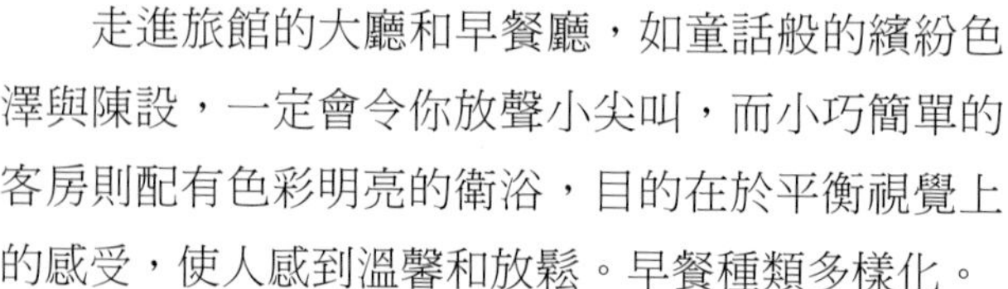

走進旅館的大廳和早餐廳，如童話般的繽紛色澤與陳設，一定會令你放聲小尖叫，而小巧簡單的客房則配有色彩明亮的衛浴，目的在於平衡視覺上的感受，使人感到溫馨和放鬆。早餐種類多樣化。

旅館的交通位置一流，對面就是佩崔公園，電車站就在旅館外，步行至卡爾大橋和小城區相當方便，附近還分佈著多間餐館與咖啡館，四周散發著悠閒卻便利的小城區風情。

地 Hellichova 5

網 www.hotelwilliam.cz

$ 雙人房淡季約50 €起
旺季約99 €起
（含早餐）

注意

由於旅館位於交通相當方便的街上，如果你很在意安靜度，在訂房時請先註明告知要安靜些的房間，另外，這裡沒有電梯，若你有大行李，要辛苦一下了哦！

神奇布拉格第三站

城堡區（Pražský hrad）

沈浸金色氤氳中的輝煌榮耀

沈浸金色氤氳中的輝煌榮耀

布拉格城堡大約成立於880年時的普列米斯洛王朝（Přemyslovci），根據金氏世界紀錄記載，布拉格城堡是世界上最大、最複雜的連貫城堡，面積將近70,000平方米，聯合國教科文組織（UNESCO）也將它列為世界遺產。這裡由各種建築風格的宮殿和教會建築組成，羅馬式建築、哥德式、文藝復興、巴洛克，完整融合古歐洲各時期代表性與重要性建築風格。

城堡區的建構由十世紀開始，直到十四世紀時卡爾四世架構哥德風格教堂，到了1918～1938年的時候又進行了大規模修繕，從天鵝絨革命以來，已經經歷多次重要及持續性的維修和重建，於是從1989年開始，終於能讓世人揭開它的神祕面紗。

遊城堡區請至少停留一整天的時間，但最完整的參觀則建議停留兩天一夜，白天時，你能看到壯闊的建築群，傍晚的時候，

夕陽照射在遊客漸散的各個角落，所有建築物顯得柔和而美麗，當夜晚來臨，城堡下點點燈光，城堡裡華麗光芒，浪漫又靜謐，令人讚嘆而不忍離去。

要參觀完整的城堡區，需要有非凡的腳力和意志，以長方形的遊覽方式規劃行徑路線，從上城堡區的史特拉霍夫修道院、羅莉塔教堂，再順著波西米亞式的迴廊前往城堡大門，參觀衛兵交接、聖維特教堂、舊皇宮、黃金小巷……，最後順著下城堡區的階梯而下，將鳥瞰紅瓦布拉格的美麗盡收回憶裡。

交 於小城區搭乘22號電車於Pohořelec站下車，過馬路後直行即抵達上城堡區。

遊客資訊服務中心 i

地 城堡畫廊旁（城堡第二庭院）Hrad II. nádvoří 198

聖維特教堂正門斜對面（城堡第三庭院）Hrad III. nádvoří 2

時 夏季時間週一～日9:00-17:00

冬季時間週一～日9:00-16:00

跟著玩家打卡逛景點

想要有效率且不錯失任何一處城堡區重要景點，必須將城堡區劃分成上城堡區與下城堡區，只要照著玩家條列的經典必參觀景點，依照順序探訪每個重要景點，不再像迷途羔羊、不必再昏頭轉向，走過的景點就為它打上個勾吧！你會好有成就感，又好踏實有收穫哦！

上城堡區

斯特拉霍夫修道院（Strahovský klášter）
聖母升天教堂（Kostel Nanebevzetí Panny Marie）
斯特拉霍夫圖書館（Strahovská knihovna）

斯特拉霍夫修道院，是法國的普利孟特瑞修道會在波西米亞成立的第一個修道院，為捷克最重要的建築古蹟之一，始建於1143年，弗拉提斯拉夫二世（Vladislav II.）統治時期，由奧洛穆茨主教亨利（Jindřicha Zdíka）指定興建。在卡爾四世統治時期，這裡被納入城堡區域中。1599年，魯道夫二世皇帝在修道院前設立了一根瘟疫柱。

地 Strahovské nádvoří 1
時 聖母升天教堂
十二月三十一日9:00-15:00
元旦當日12:00-17:00
修道院之圖書館
週一～日9:00-12:00、13:00-17:00，平安夜、聖誕節、復活節週日不開放
$ 圖書館120 CZK，如需拍照則增加50 CZK

修道院大致包含兩個重要部分：聖母升天教堂、圖書館，聖母教堂只有特定的時間

斯特拉霍夫修道院

才開放信眾告解並進行儀式。羅馬大會堂式的內部在1182年完成，而外觀可以追溯到1743～1752年，十八世紀中葉又陸續增加巴洛克式的繪畫和雕塑。1746年時，莫札特曾在教堂彈奏過管風琴，1992年教皇約翰保羅二世（Jan Pavel II.）也曾蒞臨至此。修道院圖書館部分，是捷克境內最寶貴的一項文化資產，也是保存最完好的史庫之一，有超過20萬冊圖書、超過3,000份的手稿和1,500本的古版書。

哲學大廳

圖書館裡最精彩的就是神學大廳與哲學大廳，兩個大廳中都有美麗與奢華的濕壁畫。神學廳的天花板壁畫是1721～1727年的作品，大廳主要收藏的是神學文獻，北面書牆上有不同版本及語言的聖經，並有十七世紀的天文儀器；哲學大廳約長32米、寬10米、高14米，挑高超過兩層樓的建築，由原來的穀倉改建，天

圖書館裡和善親切的奶奶級館員，會細心的詢問你來自哪裡、是否需要文字解說資料。

神學大廳

花板壁畫是1794年的作品，代表了人類的精神發展；連接兩館的走道有許多玻璃櫥櫃，裡面放著貝殼、動物標本……等。

玩家卡麥拉

電影《麻雀變王妃》（The Prince and Me）曾在神學廳取景，做為電影中的皇宮圖書客廳，拍攝艾德華王子與父母親爭取個人自由的橋段。

另外，此電影還借了許多城堡區域範圍內的場景，以打造丹麥皇宮的高雅氣派，包括城堡正大門「馬蒂亞斯門」前的城堡廣場（Hradčanského náměstí）旁，別具浪漫風情的圓石道路，可是艾德華王子騎馬載著女主角佩琪漫步的場景哦！

蘿莉塔教會（Loreta）

布拉格蘿莉塔教會是一座兼具藝術與歷史的古蹟，為天主教徒的巴洛克教堂朝聖地，在重要的聖物保存上，能和它相媲美的只有小城區勝利聖母教堂而已。

教會的創始人是古老捷克貴族──洛布科維奇家族（Lobkowiczů）的凱瑟琳女公爵（Benigna Kateřina）。這裡收藏著一件十七世紀的珍寶「聖架體」，這座金光閃耀的聖架體是以黃金和6,222顆鑽石鑲嵌，在1699年由維也納設計師JB Fischer製作，高89.5厘米、寬70厘米，重量為12公斤，有「布拉格太陽」之美稱。

不僅如此，這裡還收藏了許多宗教儀式使用的祭具，包括十六～十八世紀晚期哥德式聖杯、十字架、家庭祭壇、首飾盒和許多貴重物品。

蘿莉塔教會還有一個值得你「等待」的重要景點，那就是它整點時敲出的鐘聲，這個音樂鐘是一位富商Eberhard z Glauchova在1695年捐贈給教堂的，由30只鐘組成，純淨又澄澈的鐘聲令人百聽不厭，它在旋律的製作上相當複雜，簡直像一件獨特美妙的樂器，重量更達270公斤。

地 Loretánské nám. 7
時 夏季時間（四月～十月）
週一～日
9:00-12:00、13:00-17:00
冬季時間（十一月～隔年三月）
週一～日
9:30-12:00、13:00-16:00
$ 成人150 CZK，學生110 CZK
七十歲以上老年人130 CZK
入內攝影100 CZK

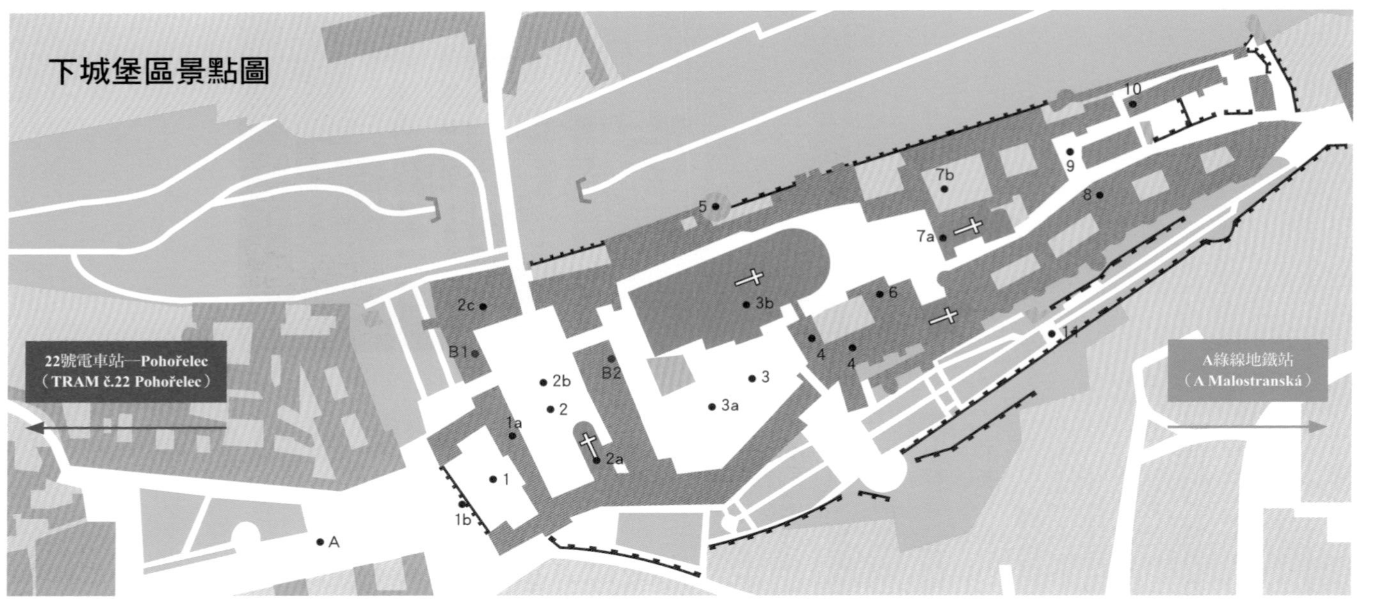

- A 城堡廣場
- B1 遊客資訊服務中心（城堡第二庭院）
- B2 遊客資訊服務中心（城堡第三庭院）

A綠線地鐵站（A Malostranská）

22號電車站—Pohořelec（TRAM č.22 Pohořelec）

- 1 第一庭院
- 1a 馬蒂亞斯門
- 1b 巨人戰爭雕塑
- 2 第二庭院
- 2a 聖十字教堂
- 2b 柯爾噴泉
- 2c 城堡畫廊
- 3 第三庭院
- 3a 聖喬治屠龍雕塑
- 3b 聖維特大教堂
- 4 舊皇宮
- 5 火藥塔
- 6 布拉格城堡故事展
- 7a 聖喬治教堂
- 7b 聖喬治修道院
- 8 羅森伯格宮
- 9 黃金小巷
- 10 玩具博物館
- 11 布拉格城堡花園

玩家經驗分享

這一片廣大的古城堡區，景點不算少，如果只是要單純的逛逛這裡、拍拍照片，可以免費步行遊賞城堡區各景點外觀，如果對歷史及參觀內部有興趣的人，可以考慮購票入內細細參觀，暢遊古老的時光軌跡，無論你是要快遊或慢遊布拉格城堡，端視個人興趣及時間而選擇。

提供你各購票景點價格如下：（遊客資訊服務中心Information就能購買哦！）

參觀項日	全票	優惠票	家庭票
Prague Castle—Circuit A 舊皇宮、城堡故事展、聖喬治教堂、城堡畫廊、聖維特大教堂、火藥塔、黃金小巷、羅森堡宮	350 CZK	175 CZK	700 CZK
Prague Castle—Circuit B 舊皇宮、聖喬治教堂、聖維特教堂、黃金小巷	250 CZK	125 CZK	500 CZK
Prague Castle—Circuit C 聖維特珍寶（三位一體）、城堡畫廊	300 CZK	175 CZK	700 CZK
城堡故事展	140 CZK	70 CZK	280 CZK
城堡畫廊	100 CZK	50 CZK	200 CZK
火藥塔	70 CZK	40 CZK	140 CZK
聖維特珍寶（三位一體）	250 CZK	125 CZK	500 CZK
聖維特教堂南塔樓	150 CZK		

優惠票範圍：

①6～16歲的青少年；26歲以內學生（須要ISIC國際學生證）

②家庭1～5人，包含2名成人、16歲以下的兒童

③65歲以上的老人

玩家提醒你，請留意城堡區各處的遊賞時間限制哦！

時 大門管制時間

四月～十月05:00-24:00，十一月～隔年三月06:00-23:00

購票參觀各景點時間

四月～十月09:00-17:00，十一月～隔年三月09:00-16:00

（聖維特大教堂平安夜不開放，十一月～隔年三月的週日僅開放12:00-16:00、四月～十月的週日僅開放12:00-17:00）

花園參觀時間

四月、十月10:00-18:00，五月、九月10:00-19:00，六月、七月10:00-21:00

八月10:00-20:00，十一月～隔年三月不開放

注意

城堡畫廊、聖維特珍寶、城堡故事展不可以拍照；其他景點入內不可以打閃光燈、使用腳架；票期兩日內有效（當日算起），每個景點只限進入一次；票買定離手不可退。

玩家小叮嚀

從2016年7月開始，城堡區為了安全考量，已增加了人口流動管制的安全檢查，在城堡各面出入口都須盤查，記得主動打開隨身包包配合檢查哦！

第一庭院 (1. Nádvoří)

城堡正大門為馬蒂亞斯門（Matyášova brana），建於1614年，靈感來自於哈布斯堡王朝的馬蒂亞斯皇帝（Matyáš Habsburský），由義大利建築設計師吉凡尼（Giovanni Maria Filippi）設計。

馬蒂亞斯門前還有一對「巨人戰爭雕塑」，建於1761～1762年，由布拉格雕塑家Ignác František Platzer設計，代表泰坦巨人擊倒並摧毀腳下的敵人角鬥士、羅馬競技場的戰士，巴洛克雕塑雄偉的氣勢，將馬蒂亞斯門的防禦感提升得震撼而壯闊。（不過這對巨人雕塑已在1902年以複製品取代。）

上｜泰瑞莎宮

下｜瑪麗亞・泰瑞莎女王之門

第一庭院又稱「名譽庭院」，在布拉格城堡區的西邊，成立於1763～1765年，是布拉格城堡的主要出入口，也是歡迎各名人政要、舉辦重要儀式的地方，每日的正午12點還有規模頗大的衛兵交接及閱兵儀式。

位於庭院的建築物為「泰瑞莎宮」（Tereziánský palác），是畫廊和西班牙廳，建於1762～1768年，顧名思義是由哈布斯堡王朝，政交手腕最漂亮的瑪麗亞・泰瑞莎女王所增建的建築，你還可以在建築物門楣上看到她的名字。

玩家推薦：正午衛兵交接表演

城堡區的衛兵交接有兩處，東西城門在整點各有簡易的衛兵交接，但西城門在正午有一場戲劇性十足的演出。11點半前就有衛兵圍起安全界線，到了12點你會看到樂兵排隊走進庭院裡，開始演奏樂器，接續在庭院上看到一群衛兵集合踏步。

時 小型衛兵交接儀式時間
夏季時間為07:00-20:00
冬季時間為07:00-18:00
每隔一小時交接一次。

這些衛兵身上所穿著的制服，可是第一任民選總統哈維爾（Václav Havel），邀請榮獲奧斯卡八項大獎的《阿瑪迪斯》（Amadeus）電影服裝設計師設計，融合了代表捷克的紅白藍色調，讓這些衛兵看起來英挺而架勢十足。

上左｜正午西城門正式交接

上中｜東西城門整點衛兵交接

上右｜酷似阿湯哥的英挺衛兵先生，雖然看起來很嚴肅，卻很有人情味。

下左、下右｜衛兵制服還分為秋冬深色款和春夏淡色款哦！

玩家小叮嚀

和城堡衛兵合照是有禮儀與規則的，千萬不能越過兩旁的護欄，也不能觸碰他們，以免妨礙到他們值勤哦！

當你主動與城堡衛兵合照，或要求為他們拍照，請記得輕聲用捷克語與他們說聲：「謝謝！」，雖然他們無法立刻回應你，但心中卻是充滿感動的！

玩家卡麥拉

是否覺得這裡有些眼熟？因為此處正是電影《魔幻至尊》（The Illusionist）的場景之一哦！為了重現十九世紀末維也納斐迪南大公的宮殿，特地在此取景。另外，此電影也前往捷克南邊城鎮——庫倫諾夫（Český Krumlov）取景呢！

第二庭院（2. Nádvoří）

穿過泰瑞莎宮正中央的門就到達第二庭院，這裡是庭院也是城堡的西邊防線，更是戰壕的一部分，它建立於皇帝魯道夫二世在位期間，範圍包含宮殿的新翼，與北城門的入口與花園堡壘（Zahrada Na Baště）。

聖十字教堂（Svatého Kříže）

穿過門後，映入眼簾的是瑪麗亞・泰瑞莎女王在位期間增建的聖十字教堂，建於1756～1764年，在1852～1856年間進行了結構上的修改重建修改重建，教堂內有巴洛克式的聖彼得和聖保羅雕像裝飾，並結合聖維特珍寶常設展（於C行程套票中，也可單獨購票入內）。

玩家卡麥拉

這裡是電影《不可能的任務4鬼影任務》（Mission Impossible: Ghost Protocol）的拍攝場景之一，記得阿湯哥偽裝成俄羅斯高級將官，與夥伴一同走進克林姆宮的畫面嗎？事實上並不真的在俄羅斯克林姆宮，而是在此庭院取景的哦！

柯爾噴泉（Kohlova Kašna）

第二庭院中央有一個巴洛克式噴泉，歷史可以追溯到1686年，曾供給城堡區水源。噴泉上有裝飾花紋，水會從獅子口中噴出，底座有皇家徽章及L字母環繞（源自皇帝Leopold I.），第三層是大力士、大海神（海王星）、神使（水星）、火神（火星）的雕像，第二層是半人半魚的小海神雕像，最頂層則是三獅球，球上原本有隻代表哈布斯堡家族的鷹，但已在1918年拆除。

許多遊客喜歡在此休憩與拍照，這裡可說是城堡區夏季裡涼快的一隅。

城堡畫廊（Obrazárna Pražského hradu）

畫廊歷史可以追溯到十六世紀，這裡陳列著皇帝魯道夫二世收藏的著名作品，包含提香（Titian）、亞琛（Aachen）、魯本斯（Rubens）的獨特畫作，畫廊裡總共收藏有四千幅藝術品，其中挑選了一百多幅作為主要代表性的展覽品。

皇帝魯道夫二世是一位非常喜好藝術與天文煉金的皇帝，他當時收藏了大量的藝術品於城堡畫廊中，但後來在三十年戰爭期間曾損失許多重要收藏，目前僅存幾件當時他在位時的收藏品。

十八世紀後，接續繼位的帝王也增加收藏德、義、荷、法……等各國藝術大師的重要作品，也有捷克巴洛克風格的畫家作品。經過多次重建後，終於成為對外開放參觀的畫廊。如果你是一位對藝術相當熱衷的人，一定會愛上城堡畫廊。

第三庭院（3. Nádvoří）

第三庭院上佇立著聖人雕像噴泉，雕塑人物是聖喬治（Svatý Jiří）。在這個廣場可以一覽雄偉的聖維特大教堂側面，還有文藝復興式的舊皇宮。

聖喬治屠龍

聖維特大教堂（Katedrála sv. Víta）

通過柯爾噴泉前方的迴廊後，你會到達第三庭院，此時你一定會被正前方的龐大建築物吸引目光，並不自覺地驚聲讚嘆，沒錯！這就是歐洲教堂界裡赫赫有名的「聖維特大教堂」。

長124米、寬60米、主塔96.5米，聖維特大教堂是布拉格最大、最重要、最美麗、最豪華的教堂，歷任捷克國王、王后都在此加冕，它也是捷克守護聖人、君主、貴族與大主教的安葬地點。

上 | 聖維特大教堂南面　下 | 聖維特大教堂東面

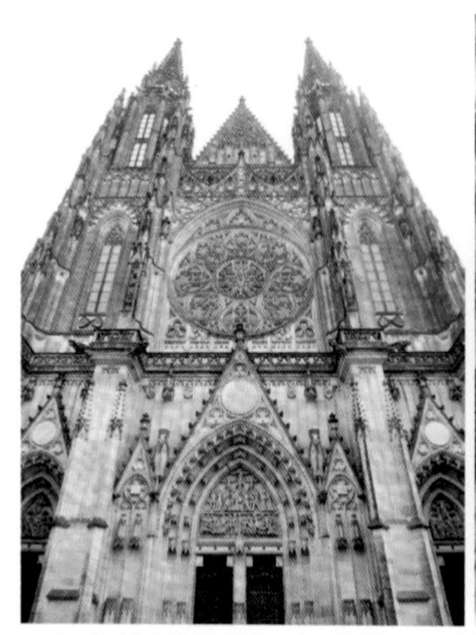

左｜聖維特大教堂西面　右｜聖維特大教堂內部

教堂歷史可以追溯到929年，當時是由普列米斯洛王朝的瓦茨拉夫一世國王所建立，剛開始是個羅馬圓形建築，直到十四世紀時，卡爾四世決定將它修建成最大也最壯觀的哥德式教堂，他相繼請來法國建築師馬蒂亞斯・阿拉斯（Matyáš z Arrasu）、德國建築師彼得・巴勒（Petr Parléř），為這個教堂注入全新的主體結構。

來教堂記得投下一枚10克朗，讓聖人與主教們在旅程中守護你。

教堂的擴建直到1929年才算告一段落，如今外貌焦黑層疊的石牆堆砌著昔日歷史，以及傲視歐洲的優越。

這座教堂分成前哥德式、後哥德式兩個主體建築模式，前哥德式飛聳的獨立高尖塔，直線延伸向上如同急欲登上至高氣勢；教堂後半部的哥德式尖塔，則在主尖塔旁加上扶柱與傘頂，更添雄偉壯闊；教堂南側還有皇帝魯道夫二世在位時新增添的金色花窗；而後又增加了巴洛克式鐘塔、扶柱上怪誕的人形動物……，單單研究外觀就得花上一段時間。

教堂內部華麗非凡，花紋繁複的大理石製品、精緻細膩的巴洛克式雕像、光線穿透玻璃的教堂肋型天花板、祭壇裡的彩繪玻璃窗，一天當中的每個時段經歷著不同的光影變化，在在都要衝擊人類貧瘠的眼光。

玩家指導聖維特大教堂必看、必知景點

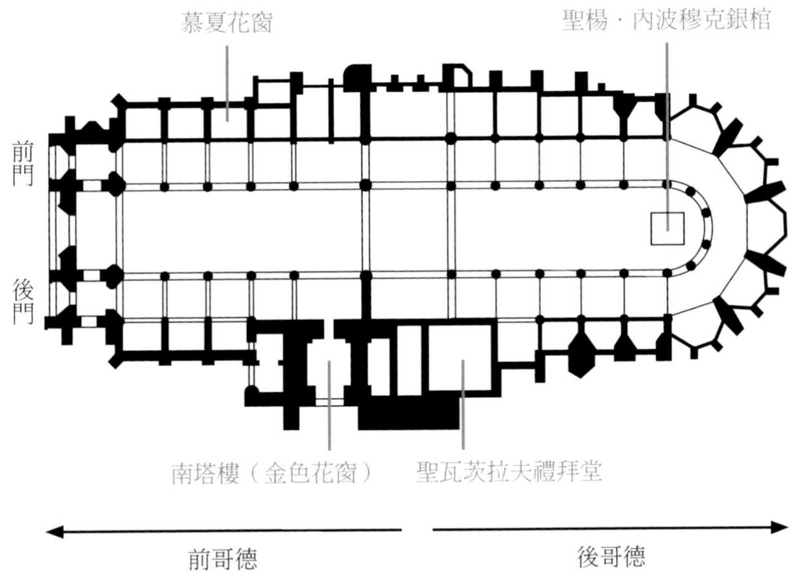

慕夏花窗

聖維特大教堂內的彩繪花窗皆是二十世紀時的創作，其中最引人注目的就是慕夏精心設計的彩繪作品。

1931年慕夏受邀創作彩繪花窗，他發揮原先在教宗畫上的天賦，創作出以聖瓦茨拉夫（Václav I.）與祖母聖魯蜜拉（Sv. Ludmily）、將基督教傳入歐洲的第一對兄弟使徒聖西里（Sv. Cyrila）與聖梅多迭（Sv. Metoděje）為主軸的情境結構，並運用柔和又豐富的色彩及筆觸，使這扇彩繪玻璃窗有別於教堂裡其他嚴肅工整的作品。

聖楊．內波穆克銀棺

位於教堂後端，吸引觀光人潮排隊的銀棺是捷克宗教上留有重要名號的聖人。

聖楊‧內波穆克（Svatý Jan Nepomucký）因死守皇后的祕密而被瓦茨拉夫四世國王丟入伏爾塔瓦河裡，當民眾趕來救他時已來不及，只打撈到他的遺體，所以銀棺中的聖人就是他。

銀棺的設計莊嚴而華麗，銀棺四周天使圍繞，而站在銀棺上的聖楊‧內波穆克拿著十字架。據說他因堅守祕密，所以舌頭一直仍完好如初哦！

聖瓦茨拉夫禮拜堂

聖維特大教堂的中心是聖瓦茨拉夫禮拜堂，這裡也是國王瓦茨拉夫一世的安息地。瓦茨拉夫在此遭胞弟謀殺，因卡爾四世相當崇敬聖瓦茨拉夫，故下令建造禮拜堂，並由建築師彼得‧巴勒親自監製。禮拜堂的牆壁上佈滿十四世紀的寶石與壁畫，西南角落的門通往「捷克珍寶區」。

玩家獨家知識牌

「捷克珍寶」（České korunovační klenoty）為聖瓦茨拉夫皇冠與劍、加冕斗篷、皇家蘋果與權杖、黃金十字架，卡爾四世下令只能用於捷克國王加冕用途，傳說只要有人以不正當的手段取得，必遭報應。

七把鑰匙的持有人為總統、總理、布拉格大主教、參議院議長、眾議院主席，聖維特大教堂司祭長、布拉格市長。

想擁有捷克珍寶嗎？在紀念品專賣處可以購得仿真袖珍版，做工非常精緻華麗哦！

舊皇宮（Starý královský palác）

始建於九世紀，在十四世紀初遭受燒毀及遺棄，於是在卡爾四世上任的十四世紀上半葉增加了羅馬式建築，並創建了哥德式宮殿與拱形內部、北側騎樓區域。

十五世紀末期，哈布斯堡王朝的外孫弗拉迪斯拉夫·亞蓋隆國王（Vladislav Jagellonský，其父親兼任波蘭國王與立陶宛大公）更結合了文藝復興、後哥德式的元素將皇宮做了更極緻的增建，包括加冕慶典宴會廳（騎士大廳）、騎士走道、會議室、辦公室、託管王宮文件處⋯⋯。

1541年皇宮歷經災難性的大火，以及多次的重建與修復，終於在1993年塵埃落定，雖不再為皇室服務，但卻開啟大門服務更多的人民、訴說往日點點光華風采。

上 | 舊皇宮南面　下 | 舊皇宮東北面

玩家指導舊皇宮必看、必知景點

弗拉迪斯拉夫大廳（Vladislavský sál）

弗拉迪斯拉夫大廳（有「騎馬大廳」之美名），面積約62×16×13米，是舊皇宮的精髓所在，如花朵綻放般的肋型天花板，富麗而柔美，是歷代騎士競技場地、加冕慶典宴會場所、展示藝術和奢華品所在。

議會大廳（Sněmovna）

大廳最尾端的房間則是議會大廳，它在1541年火災後重建恢復大致原貌，牆上掛著歷代哈布斯堡皇室成員的畫像。

上 | 弗拉迪斯拉夫大廳

中 | 議會大廳

下 | 歷代哈布斯堡皇室成員的畫像

玩家獨家知識牌

關於議會大廳有個很妙的說法，據說國王所坐的位置，在早晨時，會被打進來的光線掩蓋住國王的臉，於是，所有大臣是看不到國王表情的，然而，這無疑增加了大臣們對國王的敬畏之心，也能讓國王保有在思考所有決議時的內外在情緒與反應表現。

你不妨觀察一下玩家的說法，看看是否能看出這種運用光線，巧妙掩飾的情景。

路德維克窗（Ludvíkova křídla）

這裡曾是「布拉格第二次擲窗事件」的事發現場，後續引爆了歐洲歷史上的政治霸權鬥爭「三十年戰爭」，曠日持久的廣泛戰爭造成受災地區人口大幅下降，捷克人口在當時下降三分之一。

國家記事廳（Zemské desky）

在皇宮最上層頂樓是國家記事廳，這裡的牆壁及天花板上，繪滿了所有波西米亞貴族家徽，而翠綠色的櫃子則用於存放土地稅收帳務。

騎士走道（Jezdecké schody）

參觀完所有的樓層後，這個位於弗拉迪斯拉夫大廳左手邊的騎士走道就是出口了。這裡是參觀舊皇宮的最後一個景點，最初建造是為了讓騎士騎在馬背上進入大廳參賽用的出入口，它的寬高度和坡度很明顯是配合馬兒通過時使用，同時，也延續了弗拉迪斯拉夫大廳的整體建築風格，設計了複雜的晚哥德式肋骨穹頂。

繪滿波西米亞貴族家徽的天花板

上 I 路德維克窗　中 I 騎士走道
下 I 土地稅收帳務櫃

火藥塔（Prašná věž Mihulka）

位於聖維特大教堂北邊的沿路上，有一條小路通往火藥塔，它建於十五世紀末，是北邊城堡防禦工事的砲兵陣地，皇帝魯道夫二世在位期間，修整塔樓作為他的煉金研究處。

這個塔被損壞過兩次，修復後，作為火藥庫用途，在三十年的戰爭中，瑞典軍隊引爆火藥時，導致塔樓嚴重損壞。後來，它被作為聖維特教堂神職人員的住所。約於十九世紀被命名為「Mihulka」，1967～1980年期間再次重建，於1982年對公眾開放，作為中世紀藝術工藝品展覽館。

從2004年12月15日直至現今，作為布拉格衛兵展覽館使用，可以在塔內參觀捷克從世界大戰直至現今的制服展示、相關配飾及資料。

布拉格城堡故事展（Příběh Pražského hradu）

讓布拉格城堡藉由這裡告訴你與它相關的人與故事，包括統治者、總統、貴族官宦之家、著名藝術家、建築師、科學家、工匠、僕人、守護布拉格的聖人……等，保存各式考古遺蹟與物品，展示捷克皇冠與寶石、衣飾，刻意打造出的昏暗氣氛與音效，令人彷彿走進古老的捷克時空洪流。

玩家卡麥拉

這裡是電影《騙行無阻》（The Brothers Bloom）場景中，男女主角偷偷潛入圖書館中偷天書的祕密通道哦！此外，電影情節中還有一幕女主角意外導致布拉格城堡爆炸，而造成全市恐慌的情節，後續還帶到卡爾大橋取景，更出動了捷克警察成為劇中的重要臨演呢！

這一隅不受遊客注意的階梯和小門，正是電影中偷天書的祕密通道，位於布拉格城堡故事展入口處旁。

聖喬治教堂（Kostel sv. Jiří）
聖喬治修道院（Klášter benediktinek u Sv. Jiří）

聖喬治教堂是在920年，由捷克歷史記載中，第一個王朝「普列米斯洛王朝」（Přemyslovci）第二位王子（第三任國王）弗拉提斯拉夫一世（Vratislav I.）所創建，是城堡區最古老的建築物。

經過火災和歷代多位設計師的修建，聖喬治教堂融合了所有建築風格。在外觀上，是以新古典、哥德、巴洛克、洛可可融合而成的非凡作品，美麗簡樸卻不怪異，主力橘紅色搭配上米黃、青銅、棕焦，令人眼睛為之一亮；教堂內部則是典型的羅馬大會堂式，是捷克保存最完整、最美麗的仿羅馬式建築。

聖喬治教堂是布拉格之春的音樂開場及演奏場地，而教堂的西側是修道院，裡面收藏許多宗教畫作，僅於特殊期間開放參觀、舉辦展覽。

羅馬大會堂內部

羅森伯格宮（Rožmberský palác）

這裡原本是文藝復興時期，庫倫諾夫貴族羅森伯格家族的宮殿，建於1545～1574年，但在1600年成為皇帝魯道夫二世的財產。

十八世紀中期被徹底重建成貴族婦女部研究所，裡面住著哈布斯堡女王瑪麗亞．泰瑞莎的女兒，但於1919年解散，在1996～2007年整修後恢復到原始的巴洛克風格。

黃金小巷（Zlatá ulička）

黃金小巷的起源，原是十五世紀末城堡北城牆的一部分，在十六世紀的時候，皇帝魯道夫二世決定讓防守城堡的「紅色炮火弓箭手」居住在此，因炮火弓箭手有多位，所以只能蓋得那麼小以容納所有的射箭手，當時建築的材料只有使用石、泥、木。

13號小屋，十六世紀「紅炮火弓箭手」的家，是黃金小巷中最小、最原始的住宅建築。

左丨黃金小巷　右丨22號小屋，作家卡夫卡曾在此尋找靈感並居住5個月。

十八～十九世紀，這裡變成了居住的地方，二十世紀初曾為貧民窟，直到第二次世界大戰前，這些房屋都是有人居住的，曾吸引多位著名詩人作家來此尋找靈感（Franz Kafka、Jaroslava Seiferta、Františka Halase、Vítězslava Nezvala），目前的外觀可以追溯到1955年，2010～2011年經歷了一次複雜的重建後，再度充滿濃濃童話氣息。

黃金小巷是城堡區裡最繽紛小巧的一條胡同，鵝卵石鋪設在狹窄的街道，房屋像玩具屋一般，這裡是如此的侷促而迷你，吸引全世界的人們來訪。現今小巷裡的房舍做為主題展覽和商店之用，有7棟是販售紀念品的商店、9棟是歷史主題展覽屋、1座是防禦堡壘和監獄。

彷彿是小矮人的家，每間房子的地坪約2～6坪，這似乎正是吸引人們來此尋找藏在心底那份童稚與渴望的原因。乍看之下，屋主好像目前不在家，但也許很快就會回家了哦！

玩家獨家知識牌

傳說，黃金小巷源自皇帝魯道夫二世統治時，皇帝為尋找更多的資金，於是找了一堆煉金術士來此居住並煉製黃金。事實上，從來沒有煉金術士在此居住過！

玩具博物館（Muzeum Hraček）

地 Jiřské 6

時 一～十二月每日9:30-17:30
聖誕夜至隔年一月十日休館

$ 成人70 CZK

這座高塔，正是在歐洲玩具博物館界占有一席之地的布拉格玩具博物館，豐富的館藏號稱歐洲第二。

別小看它只是一座高塔，這裡收藏著大量具有獨特歷史的歐洲與美國玩具，你得先爬上一層層的塔，每層階梯都展示著珍貴的玩具，爬到頂端後再買票入場。

展場共有兩層，第一層的展品主要集中在150年以上的歷史玩具，有鐵皮玩具娃娃、各式娃娃、袖珍房子、拉車錫馬……等；還有大量的泰迪熊，第二層是各年代的芭比娃娃，驚人的收集數量及年份與各種情境造型，肯定會讓芭比迷為之瘋狂；世界級真人尺寸版的芭比、超人、星際大戰成員，讓童心未泯的大小朋友不興奮也難！

注意

自2016/11/7起，進行整修，預計將於2019年重新開放參觀。

可愛又親切的奶奶級館員，別被她們平日裡不笑時的嚴肅騙囉！

第三站 城堡區

布拉格城堡花園（Zahrady Pražského hradu）

城堡區東門的南邊連接著大片的城堡花園，分成三個部分：

①城牆花園（Zahrada Na Valech），有寬敞的花園大露台，無論白天或夜晚，都可以鳥瞰整個布拉格的絕美風光。

②約瑟夫家花園（Hartigovská zahrada），在城牆花園下，有五個巴洛克式的古代神祇雕像，還有一個造型如涼亭般的音樂廳，是靜謐的一隅。

③伊甸花園（Rajská zahrada），是十六世紀斐迪南大公的私家花園。

城堡套票上的行程走累了嗎？這裡絕對是休憩與放鬆的好地方，也是感受歷代君王環視國土的成就驕傲所在。

跟著玩家逛街購物去

有人會問：城堡區能有什麼購物的地方？

看似沒有購物去處的城堡區，其實藏著三間很棒的小店，參觀完城堡區的景點後，撥撥秀髮、揉搓雙眼、聳聳肩膀，跟著玩家尋寶去吧！

可搭配以下的店家順序逛街，可兼具順路及事半功倍之效果哦！

喵喵藝廊（mňau GALERIE miaou）

當你一看到這間店的外觀時一定會覺得可愛又溫馨，用彩繪取代實體招牌的立體畫功，上頭畫著可愛逗趣的貓咪，門板上也有想像力十足的繪畫，湖水藍的老舊氛圍柔和地散發在眼前。

地 Pohořelec 26
時 週一～日10:00-18:00
$ 350 CZK起

老鼠在貓咪的肚子裡。

這裡不僅販售可愛的手工彩繪貓玩偶與貓產品，還有抱枕、包包、飾品。最有趣又賣最好的一款商品就是以紗布縫製，再搭配手工彩繪的貓娃娃，貓的肚子裡還可以看到一隻老鼠，結合趣味與藝術的概念，實在令玩家愛不釋手。

另一樣專賣眼光獨特的識貨者商品，就是櫥窗裡展示的手工琺瑯項鍊，每一個造型都相當討喜又特別，仔細欣賞的話還會引人莞爾一笑，如果你想要擁有一條獨一無二的項鍊，那你肯定不能錯過此款商品。

木馬之家（hračky–houpací kůň）

如果你來布拉格想要買正宗的木製品店，除了MANUFAKTURA小房子的木製品，你一定還要來這間商店！

地 Loretánské náměstí 3
時 週一～日10:00-18:00
$ 35 CZK起

商店外的門上掛著一隻搖搖木馬，木門裡是一個透明櫥窗，陳列著各式木製玩具，很多人會錯過這樣外觀樸實又不起眼的店家。

下左｜捷克兒童代表玩具「鼴鼠寶寶」。

下右一、下右二｜童心未泯的紳士老闆、友善靦腆的可愛小姐Veronika Ludvarová。

店裡的商品全部來自於德國與捷克，你絕對買不到山寨版的木製品，老闆是一位親切開朗又留著中世紀長髮的男人，他會細心介紹每一樣你感興趣的東西，會告訴你這個玩具來自德國還是捷克。

你也可以從每一個玩具的精細度上判斷是否真為德捷品質，所有的商品都有著獨一無二的手工彩繪，店裡的鎮店之寶當然就是小木馬，而且價格很親民，男老闆不擺架子，即使沒有消費也會微笑送你離開，星期二、四則是另一位女店員在此服務，小姐看似靦腆但其實很健談。

這裡的德製玩具價格合理，如果你曾到德國旅行，喜歡卻下不了手購買精緻又昂貴的木製玩具，這裡的價格只有德國的一半起跳，細膩的工法讓你能很快分辨是否為正版產地。

進入店裡後請先用眼睛欣賞，並小心輕放你有興趣的玩具，因為這些商品每一樣都是老闆心愛的寶貝，請以同理心、細心拿取並照顧它們哦！

新左岸帽包坊（Faktor Traktor）

布拉格在十九世紀時，被許多文人雅士賦予「新左岸」的美名，布拉格的藝文風情絕對擔當得起此封號，所以來到這裡，何不為自己也妝點上些藝術氣韻呢？快進來這間玩家獨愛又常報到的手工帽包坊吧！

地 Radnické schody 9
時 週一～日10:00-18:00
（營業時間偶有變動）
$ 貝蕾帽333 CZK起
手工皮包980 CZK起

樸實的工作坊外掛著繽紛鮮明、粉嫩瑰麗的貝雷帽，清新、亮麗、柔和的色調絕對令浪漫小姐們的眼睛亮到跟鑽石一樣，不僅色調迷人，連材質都是純羊毛的，價格只要13 €哦！店裡還有各式造型獨特的手工帽子，材質皆以羊毛為主，色系都很誘人，還有可愛的手工羊皮小鞋，適合當小朋友的伴手禮，以及真皮手工包包，設計獨特、價格合理、品質樣式良好，還有手工飾品可挑選，簡直就是女生們的小天堂。

來到城堡區一定要到這間帽包坊逛逛，說不準就找到你需要的無敵戰利品了！

金色捲髮老闆娘相當親切，對來店的客人總釋出信任友善的微笑，心情好的時候還會給你小驚喜哦！

跟著玩家上餐館、喝咖啡 

初來乍到城堡區的你，通常會很苦惱用餐時間該上哪，除了往城堡腳下的小城區覓食，你其實還有內行人的選擇，跟著玩家躲進當地人的祕密基地，品嚐價格合理且傳統的料理，午后再來杯咖啡吧！

悠閒的梅爾文咖啡（café Melvin）

地 Pohořelec 8
時 週一～日8:00-18:00
$ 咖啡55 CZK起，熱蘋果捲38 CZK起

咖啡館位於1470年的歷史性建築物內，外觀是迷人的粉色牆面搭配白色木窗，這裡提供42種冷熱咖啡、24種冰熱巧克力、早餐、家庭自製甜點、三明治、沙拉……，內部有兩種不同的用餐環境，文雅的咖啡區及中古洞穴式用餐區，在城堡區的午後來此享受一杯飲品與輕食，是悠閒且浪漫的好選擇。

西茶屋（FAST FOOD）

小小店面裡，擺著兩張餐桌與幾張椅子，時常顧客絡繹不絕，提供的熱食頗多，還有號稱來自台灣的珍珠奶茶，原料是從台灣茶坊空運過來的。

地 Pohořelec 1
時 週一～日10:00-17:00
$ 牛肉片湯麵155 CZK
蝦仁餛飩麵159 CZK

老闆娘是位上海姑娘，親切又健談，經常為來此問路的東方人指引方向，更可愛的是，還不諱言讓你知曉春捲、漢堡肉、熱狗都是冷凍食品再加熱，主要為迎合老外的餐點，正所謂實話實說，不誆東方朋友。

她最自豪的餐點是每日手工自製牛肉片湯麵、蝦仁餛飩麵，這兩道麵食是吸引東方顧客一再迴流的主打料理，也是留學生尋找熟悉與溫暖的家鄉味，更有台灣大學生在此留下照片見證美味的回憶。

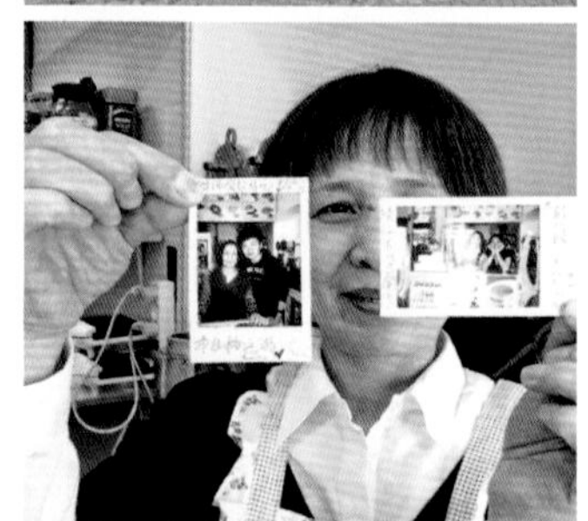

若你開始想念中式料理滋味，剛好想來點清爽的麵食，記得來此處嚐嚐暖胃的麵食。

右｜清爽米麵&薄切滷牛肉片

掛著大鞋的鞋匠餐館（U Ševce Matouše）

餐廳座落在一個融合哥德式與文藝復興時期的古老房子裡，它的歷史從十六世紀開始，當時是巴洛克風格。直到現今還維持著一貫古典風情，肋型穹隆的餐廳內部，搭配上鵝黃的燈光，牆上還掛著中世紀貴族的畫像。有趣的是，餐館外的穹頂還掛著一雙大鞋呢！

地 Loretánské náměstí 4
時 週一～日11:00-23:00
$ 每日特餐220 CZK、269 CZK（含例湯或沙拉、主菜、甜點）

這裡提供每日特餐，有兩種價位220 CZK、269 CZK，皆為三道式套餐，以城堡區的地段來說，價格堪稱合理平實，口味也不錯。

餐館曾被著名的《國際先驅論壇報》（International Herald Tribune）、《美國旅遊雜誌 Travel + Leisure》報導與刊登過。來這裡的知名人士頗多，捷克總統、西班牙王后、英國公主……等，值得一提的是，好萊塢明星布萊德彼特與安潔莉納裘莉，2007年5月2日就是在這裡祕密約會的哦！

木偶戲劇化咖啡餐館「懸掛咖啡．劇院的延續」（U Zavěšenýho kafe - Divadlo pokračuje）

這間餐館的老闆是布拉格木偶學院畢業，曾從事劇場設計，在布拉格堪稱名人，相當熱愛咖啡，每年都會舉辦咖啡愛好者聚會，交遊廣闊的老闆夫妻倆偶爾會到店裡坐陣、招待會見友人，有著幽默且熱情的個性，原本在城堡區有兩間分店，但另一間因租約到期之故，所以目前這間成為主店。

地 Loretánská 13
時 一～二月11:00-20:00
三～五月11:00-22:00
六～八月11:00-00:00
九～十二月11:00-22:00
$ 肉類主菜約175 CZK起
甜點約60 CZK起
咖啡約55 CZK起

繪滿捷克歷代知名國王與名人的手工牆面

左、右｜詼諧逗趣的櫥窗裝飾，讓人感到可愛愉快，老闆本身很敬重已故前捷克總統哈維爾，所以能看到與藝術幽默結合的裝飾品。

中、右｜老闆與老闆娘偶爾會出現在餐館裡，戲劇化、誇張又親切的風格，相當平易近人。

左｜烤豬腿佐辣根＆醃辣椒＆酸黃瓜
右｜烤豬肉佐捷克酸菜＆麵糰。樸實豪邁的餐點，是城堡區裡堪稱平實合理的餐館。

餐館裝潢是溫暖的粉橘紅色澤，有著厚實深邃的羅馬式空間，牆上的畫作都是老闆設計的，這裡會不定期邀請歌手或樂隊現場表演，讓餐館更添雅痞氛圍。

餐點價格在整個城堡區裡算是相當親民，餐點可口且上餐速度迅速，咖啡口味也在水準之上，露天餐座還可以看到美麗的風景。不過提醒你，某些服務人員比較有個性一點，所以別太在意哦！

只有這裡才能喝到苦釀檸檬（FENTIMANS · TONIC），滋味濃郁厚實，是歷經風霜人生的滋味哦！

玩家好眠住宿指南

城堡區住宿選擇不算太多，甚至於價格並不非常親民，如果你有預算上的考量，或許可以考慮入宿城堡腳下的小城區，因為它相當靠近城堡區，但入宿城堡區也有很大的優勢，可輕易的步行至各景點，融入古老皇家的城池氛圍，在清晨與夜晚時，居高臨下俯瞰兩種景況，獨特的經驗令人難忘。

教堂旅館（Hotel questenberk）

由昔日巴洛克式教堂改建而成的旅館，靠近史特拉霍夫修道院，距離布拉格城堡只有500米遠。這裡可以欣賞到城堡區各角落的風景，有兩間公寓與二十七間套房，房間裝飾有鄉村風格的木製家具，提供有機環保的洗浴用品、柔和自然抗過敏的埃及棉床單枕頭。

地 Úvoz 15
網 www.questenberk.cz
$ 高級雙人房
淡季約80 €起
旺季140 €起
（含早餐）

早餐間的視野極佳，起床就能品嚐美味的早餐、眼裡享受布拉格美景，服務人員非常友善親切，旅館旁的小通道還通往附屬餐館，捷克傳統料理這裡就能享用，夏季時還有露天餐座，在享受美食的當下，也能欣賞到美麗的景色。

玩家悄悄話

雖然旺季時的價格不低，但入宿在昔日是教堂的古蹟中，實在別有一番風情，如果預算不緊，倒是可以選擇在優美舒適的教堂旅館中渡過一晚，這也算是旅行中很特別的體驗呢！

鹿法庭旅館（Hotel Jeleni Dvur）

座落在城堡區一隅，旅館旁的U Brusnice路能直達城堡廣場與蘿莉塔教會，擁有乾淨舒適的居住環境、溫馨的木製家具和舒適的床。

旅館外有電車直達市中心及重要景點，能迅速到達城堡區與市中心各景點，如果你不在意偶爾電車行駛過的聲音，這裡可說是交通相當方便。

自助式早餐樣式相當豐富，在溫馨的早餐間裡氣氛倍感舒適，友善的服務人員也會回覆你提出的各項疑問，並提供詳細旅遊資訊，價格可稱得上物超所值。

地 Jelení 7
網 www.hoteljelenidvur.cz/
$ 雙人房
淡季約57 €起
旺季80 €起
（含早餐）

溫馨情懷「童話民宿」（Pension Pohádka）

想離城堡區再近一些，沒問題！這間溫馨小巧的民宿位於城堡區僅約400米，而且步出民宿外，對面就是華倫斯坦花園，距離地鐵站也僅50米之遙。

老闆將自己的民宿取名為「童話民宿」，僅提供5個房間，房內佈置相當溫馨，搭配上木質地板與傢俱，每個房間都有不同的陳設主題，草綠牆壁房、可愛閣樓房、石牆渡假房……，老闆盡力維持這棟歷史建築格局，將每個房間融入復古情懷，所以才取名為「童話民宿」。

如果你的預算有限，在此入宿的價格堪稱合理，交通很方便，24小時的接待櫃檯令人有安全感，老闆相當熱情，員工也很友善，早餐間充滿美好情調，可口又健康的早餐，讓人開啟心情愉快的一天！

地 Valdštejnská 288/4a
網 www.pensionpohadka.cz
$ 基本雙人間淡旺季皆約70 €起
（含早餐）

注意

此民宿是歷史建築，所以沒有電梯哦！

神奇布拉格第四站

新城區（Nové Město）

尋覓綠色羽翼間的清新活力

尋覓綠色羽翼間的清新活力

1378年在卡爾四世強盛的治理下，布拉格的居民數逐漸攀升至四萬人，為了解決過度擁擠的人口與居住問題，卡爾四世精心策劃開發新的區域，於是新城區自此誕生，它的面積更是比舊城區大上兩倍之多。

卡爾四世還為此建設制定出節省國家開支的方案：只要申請居住新城區，在一個月內開始參與建設工程，並在一年半內完成，就可以享有十二年免賦稅，這個方案在當時非常吸引人，申請的主要居民大多是捷克商人和工匠，大家都希望在此建造房屋、開展業務。

新城區在創建後，發展出三個與人民息息相關的廣場：馬市（現今新城廣場）、牛市（現今卡爾廣場）、草市。道路規劃上極具規模與長遠發展性，更安排各類型市場與每個市場上待售的商品項目，每個人都有自己販售商品的地方，創造了寬敞的街道和廣場，同時更尊重與保留原有的巷道路線，因此在當時，布拉格已成為歐洲第三大城市。

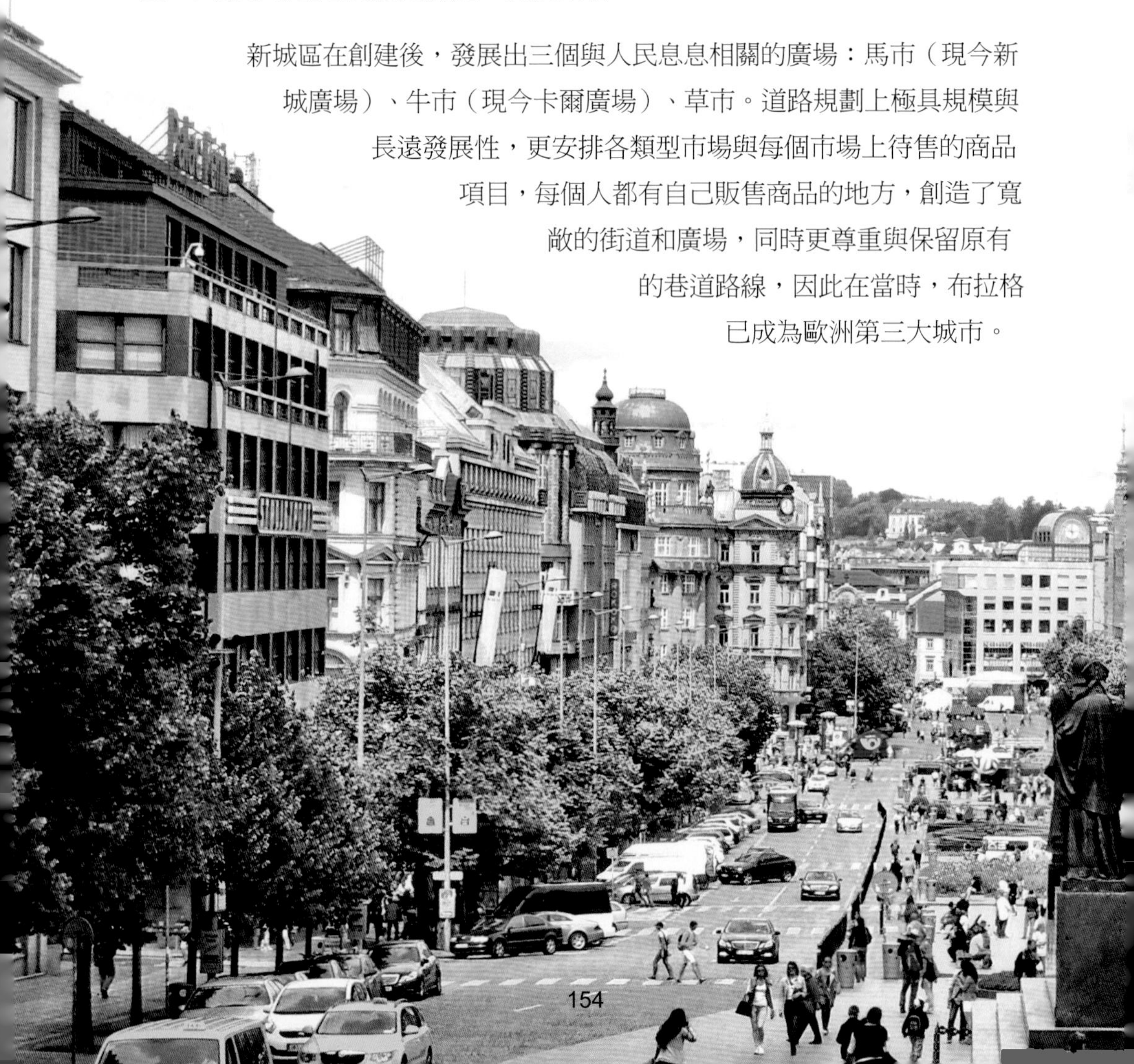

直到現在，新城區仍舊保留許多具有歷史價值的建築物和廣場，並圍繞著許多規模寬廣的現代建築物，想要進一步瞭解當代捷克的人文生活，這裡會是一個理想的停留區域。

新城區不只蘊含極具豐富有趣的歷史，還有方便舒適的地鐵、電車穿梭其中，更有現代化的旅館及商店，悠閒的辦公區、住宅區更令城市裡洋溢著柔和的光澤。

拋去緊迫盯人的計時器，按下旅行中暗藏的緩慢懷錶，規劃一天新城區的漫遊，走進這個用歷史揉合、時光發酵出的新世界，你會發現布拉格不僅只是想像中那樣的曼妙沉著，還散發出新時代篩選出的鮮活個性……

交 搭乘A或C線地鐵在Muzeum站下車，從Národní muzeum方向出站。

遊客資訊服務中心 ⓘ

地 Rytířská 12

時 週一～日9:00-17:00，平安夜、聖誕節、元旦視情況休息

跟著玩家打卡逛景點

只要照著玩家條列的經典必參觀景點，依序探訪每個重要景點，不再像迷途羔羊，不必再昏頭轉向，走過的景點就為它打上個勾吧，你會好有成就感，又好踏實有收獲哦！

瓦茨拉夫廣場（新城廣場）（Václavské náměstí）

地 搭乘A或C線地鐵在Muzeum站下車，從Národní muzeum方向出站即抵達。

瓦茨拉夫廣場的歷史可以追溯到1348年，由兼任神聖羅馬帝國皇帝與捷克國王的卡爾四世設計，當時它是作為馬市的用途。原名為

「歐洲飯店」是廣場上最華麗耀眼的新藝術風格代表。

「馬市廣場」，在十九世紀中葉才更名為「瓦茨拉夫廣場」。而後，這裡也成為了象徵國家與示威活動的地方。

1969年，兩位約20歲的大學生：楊·帕拉赫（Jan Palach）、楊·賽依茨（Jan Zajíc），為了抗議華沙條約令蘇聯入侵布拉格，於是在此自焚。

1989年11月，反對警察暴行的抗議集會在此舉行，以天鵝絨革命終結了共產主義，曾是各種組織和政黨的閱兵場所，也帶領著反共產主義的起義，直到獨立後歡欣舉辦國家各重大慶祝活動……瓦茨拉夫廣場是捷克的精神象徵，是捷克迎向民主的里程碑，在捷克歷史上扮演著舉足輕重的角色。

它如同林蔭大道一般，占地45,000平方米，長750米、寬60米，這裡可以同時容納40萬人，廣場兩旁林立著商店、辦公大樓、旅館、餐廳和咖啡廳，即使四季更迭，仍不減當地人與觀光客攘來熙往，是購物及用餐兼備的好去處。

值得一提的是，廣場集結了十九世紀末期的新藝術風格建築，「歐洲飯店」是廣場上最華麗耀眼的代表，雖目前暫停營業，但假以時日將重新開放，屆時你就能坐在咖啡廳中享受視覺、味覺、嗅覺的新藝術式體驗囉！

聖瓦茨拉夫紀念碑（Václavské jezdecká socha）

地 瓦茨拉夫廣場前

廣場正前方有一座青銅紀念碑，紀念碑正中央是騎著馬出征、英姿勃發的聖瓦茨拉夫國王，而圍繞著聖瓦茨拉夫的是四位捷克守護聖人及護神雕像：聖魯蜜菈（sv. Ludmily）、聖波克普帕（sv. Prokopa）、聖阿聶戌卡（sv. Anežky české）、聖弗依帖赫（sv. Vojtěcha）。

距離聖瓦茨拉夫紀念碑前的幾米處，是共產主義受難學生：楊・帕拉赫（Jan Palach）、楊・賽依茨（Jan Zajíc）的紀念碑與小圓形花壇，他們是為了爭取國家獨立、抗議共產殘害而自焚的兩位愛國學生。捷克第一任民選總統哈維爾總統（Václav Havel）曾因在此獻花給受難者而遭受牢獄之災。

國家博物館（主館）Národní muzeum（hlavní budova）

國家博物館建於1885～1891年，創立者是伯爵Kašpar Šternberk，建築師是約瑟夫・舒爾茨（Josefa Schulze），這位裝飾藝術師為布拉格打造了這座無價且歷史性濃厚的古老建築。

它是捷克境內歷史最悠久、規模最大的博物館，更是具有紀念意義的新文藝復興風格結構式設計建築（後續融入新古典主義），是捷克民族復興的象徵。

國家博物館外牆、樓梯和斜坡都裝飾有著名藝術家的雕塑，進入門後的大廳隆重而氣派，樓梯與大理石扶手延展至二、三樓層的石砌拱牆，拱柱間浮泛著美麗而精緻的壁畫。

- 地 Václavské náměstí 68
- 時 國家博物館因年久失修，所以在2011年7月7日關閉進行整修，將於2018年9月重新開放，以紀念捷克斯洛伐克共和國誕辰100週年。
- $ 2018年9月後將重新公告票價

萬神殿大廳的正中央上方有400平方米玻璃圓頂，陽光由此透射充沛卻柔美的光線，大理石地面反射光源至大廳的每一隅，更延伸到天花板上神聖輝煌的四幅歷史壁畫。大廳裡金碧輝映，不帶一絲矯揉造作、浮華奢靡，堪稱非宗教性雄偉之作。

博物館收藏大量豐富重要的自然、文化歷史展品，其中以動物標本、礦石最令人流連忘返，還收藏著一顆幾百克拉的鑽石，據說是世界上最大的鑽石。

博物館時常舉辦不定期的展覽，可說是布拉格市民平時增進歷史、文化與知識、寓教於樂的場所。

電影《不可能的任務》（Mission: Impossible）開場序幕時，阿湯哥與組員潛入駐布拉格美國大使館的場景，就是在此拍攝的。

國家歌劇院（Státní opera）

歌劇院建於1888年，最初命名為「德國劇院」，為德國人所建造，當時它以新古典主義式打造，裝飾其優雅風格，被譽為最優秀的德式歌劇院之一，更是歐洲最美的劇院。

二次大戰結束後，為紀念1945年5月5日的布拉格起義，歌劇院更名為「五月五日劇院」，1949年為了紀念捷克愛國音樂家史麥塔納（Bedřicha Smetany），再度更名為「史麥塔納劇院」，1992年最終更名為「國家歌劇院」。

地 Wilsonova 4

網 www.narodni-divadlo.cz/cs/statni-opera

時 從2016年7月1日開始進行全面重建，預計2019年才會重新再開放，不過是否能如期順利完工，端看屆時工程進度而定。

$ 依照座位訂價，最低約270 CZK起

現在的它，擁有新古典主義的建築外貌，回歸復古柔美的三角頂牆，及壯觀的希臘式長柱，建築物頂端站立著繆斯女神的雕塑，三角頂牆內飄浮著古老神話中的天馬（Pēgasos）、依卡洛斯（Ἴκαρος）、丘比特（Ἔρως）、雅典娜（Athēnâ）、勒達（Λήδα）……等13位神祇，祂們俯瞰著繁忙的街道。

慕夏博物館（Muchovo museum）

你聽過藝術家「慕哈」嗎？這位藝術家其實就是大家口中的「慕夏」，原名Alfons Maria Mucha 其實以捷克語音譯應該唸為慕哈才對。

地 Panská 7

時 週一～日10:00-18:00

$ 成人240 CZK

慕夏的走紅來自於為巴黎女演員Sarah Bernhardt畫了一系列的海報，令慕夏聲名大噪，打開了他在藝術界的知名度。不僅如此，慕夏還設計一系列家飾品、家具、珠寶，平面菜單設計也難不倒他，更曾在捷克斯洛伐克時期，為國家設計郵票及紙幣，就連聖維特大教堂裡的彩繪窗也出自他的手筆。

這個博物館裡收藏了超過100個藝術展品，包括繪畫、攝影、炭筆素描、粉彩、版畫……想認識慕夏的深情與熱情，千萬不要錯過這裡哦！

附設的紀念品專賣區，琳瑯滿目的各式商品，最常擠滿台灣朋友們來此選購。

玩家一分鐘談名人

慕夏（Alfons Maria Mucha），被歸類為捷克新藝術派畫家，他是一位對繪畫以及國家歷史極負熱忱的藝術家。

慕夏出生在摩拉維亞南區，擁有極具個人風格的繪畫與攝影天賦，在油畫、素描上展現出大膽、自然、柔和的多樣筆觸，擅於細膩華麗而轉折繁複的線條，更畫出代表斯拉夫民族的歷史性大作「斯拉夫史詩」，他流暢精彩而迥異柔美的繪畫風格，將歐洲二十世紀當時新藝術風格一貫的呈現方式，引領到柔美浪漫的繪畫上，堪稱捷克偉大新藝術大師之一。

Alfons Maria Mucha（收藏於美國United States Library of Congress，Copyrighted 1906，原作者George R. Lawrence Co., Chicago），感謝館員Ms. Lara Szypszak協助取圖。

國家大劇院（Národní divadlo）

這個如同珠寶盒閃耀的新文藝復興式建築物，是捷克民族精神和團結的重要建設，剛開始它的建設資金來自於皇帝及各個貴族，也順利的為奧地利王儲完成首演活動，但卻在距離正式開幕的前幾日發生火災，燒毀了穹頂、禮堂、劇院的舞台。這場大火被視為全國性的災難，於是布拉格人民齊心發起捐款活動，在47天後籌足資金，為期兩年時間重新設計並成功整建，終於能為人民繼續落實藝術表演殿堂的永恆理想。

國家大劇院有兩個建築區塊，一為位於原始地點的新文藝復興建築，二為

地 Národní 2
網 www.novascena.cz
時 週一～五9:00-18:00
週六～日10:00-18:00
$ 依照場地、座位訂價，最低約250 CZK起

後現代式玻璃建築

位於哈維爾廣場上，後現代的玻璃式建築，兩種迥異的風格在新舊間相互輝映奪目。

積木博物館（Muzeum kostek Praha）

樂高看上了美麗的布拉格，在此成立全世界最大的樂高積木博物館。博物館占地340平方米，展示2,500件獨特的樂高模型，分為20個主題展覽，使用超過1,000,000塊積木以建造這個童趣天堂。來到這裡你必須發揮如孩子般的想像力，令自己進入一個以故事創造的氛圍，喜愛積木的大小朋友都能在此享受一段遠離現實的童趣時光。

地 Národní 31
時 週一～日10:00-20:00
$ 成人240 CZK，學生170 CZK
孩童150 CZK

新市政廳（Novoměstská radnice）

新市政廳座落於卡爾廣場一隅，建於1377～1418年。1419年7月30日此處發生「布拉格第一次擲窗事件」，後續引爆了長達15年的宗教革命運動「胡斯戰爭」。

1784年時曾是刑事法院和監獄的酷刑室，而後遭受雷擊引發火災，1806～1811年建築外觀進行重建，南翼被修建成文藝復興時期的風格，並裝飾上三面山形牆，1905年的市政廳用於行政目的，也是文化和社會活動的地點。

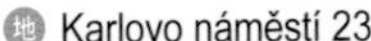

地 Karlovo náměstí 23

時 3月21日～11月30日的週二～日10:00-18:00
12月1日～22日的週二～日10:00-16:00（若出現暴風雪和冰雪則關閉）
12:00-13:00午休時間

$ 登塔成人60 CZK，學生／六十五歲老人40 CZK

登上市政廳旁的塔樓，新城區的美景衝擊眼簾，最遠能鳥瞰到城堡區，你就如同飄浮在布拉格上空，靜靜地欣賞這絕倫的露天建築博物館。

德弗札克博物館（Muzeum Antonína Dvořáka）

博物館外花園

成立於1932年的博物館，在十八世紀時是巴洛克式的避暑別墅，粉磚色的牆面與米白色長柱相間，典雅的建築被花園與雕塑包圍著，座落在靜謐的新城區。

博物館以德弗札克生平事蹟與各種相關的文獻和遺物為展出主題，包括樂器、簽名、信函、藝術品、歷史照片、海報……同時，你還能在此欣賞到德弗札克最有名的樂曲作品。

博物館內的裝飾陳設浪漫柔美，寬敞的一樓大廳，穹頂與壁畫覆蓋著天花板，大型壁畫描繪太陽神阿波羅，祂擁有燃燒的火炬，駕著飛馬、掌管光明，四周有天使圍繞……除了希臘神祇，還繪有亞歷山大帝的肖像，走一趟這音樂與繪畫交融的空間，就連步出博物館後，空氣裡也多了一絲甜美。

地 Ke Karlovu 20

時 週二～日10:00-13:30、14:00-17:00
週一休館，13:00午休時間

$ 成人50 CZK，學生／六十歲以上老人30 CZK

玩家一分鐘談名人

Antonín Dvořák（作者不詳，1886年作品）

安東尼・德弗札克（Antonín Dvořák），父親是屠夫、母親是莊園管理員的女兒，原本父親計劃他也能夠成為屠夫，但因發現德弗札克從小就擁有音樂天賦，於是允許兒子朝自己的興趣發展。

德弗札克從學生時期就開始學習小提琴、鋼琴與風琴，也跟隨叔叔學習德語和樂理，但長久以來卻不甚得志，直到三十二歲時，他的愛國作品〈白山繼承人〉受到熱烈迴響、一夕成名。三十六歲時，有一位音樂評論家告知他，布拉姆斯（Johannese Brahmse）相當欣賞他的作品，而後更舉薦出版商為他出版個人作品〈斯拉夫舞曲〉，讓他在音樂界嶄露頭角。

德弗札克是一位很嚴謹的人，他有顆仁慈的心、隨和的個性，作品中表現出濃厚的民族情懷，融合了浪漫與古典主義。除了對音樂的熱愛以外，他還是一個鐵路迷，也很喜歡養鴿。崇拜柴可夫斯基與華格納的他，某些作品中也隱約呈現出相似的曲調風格。

其實生活中，有兩首曲目是大家耳熟能詳，但很少人知道是德弗札克的作品：國中、國小的放學音樂〈新世界〉（Symphony No. 9 in E minor, Op. 95－Largo），以及許多廣告常用的背景音樂〈幽默曲〉（Humoresque Op. 101）。

跳舞房子（Tančící dům）

十九世紀時，這裡曾是文藝復興式建築，但在1945年二戰的時候不慎被美國的炸彈摧毀，成為了一處空地，哈維爾總統曾提出一個想法，他想將這裡打造成一個文化中心，有圖書館、劇院和咖啡廳，但是因為缺乏投資者而宣告失敗。

地 Jiráskovo náměstí 6

時 七樓景觀餐廳／週一～日12:00-22:30（預約訂位info@ginger-fred-restaurant.cz）

Offices for rent 60 50 83 61

1992年荷蘭保險公司Nationale Nederlanden（ING的前身）有意收購土地並投資，計劃興建大樓，所以吸引了兩位建築師前來大顯身手。新的建築物被打造成一對男女舞者的造型「金潔與弗雷德」（Ginger Rogers & Fred Astair），靈感取自好萊塢明星情侶，但這樣的後現代建築風格在當時引發許多人的評論，認為這樣的建築風格與相鄰的文藝復興式建築格格不入，改變了城市整體美感。

即使如此，跳舞房子依舊落成了，到了現今反而成為世界知名建築之一。目前大樓裡有旅館、餐廳、藝廊、辦公室，豐富了整個建築的存在價值。

玩家悄悄話

跳舞房子七樓是景觀餐廳「金潔與弗雷德」（*Ginger & Fred Restaurant*），邀請英國型男廚師Mr. Onik Minasian擔任副廚師長（*Sous Chef*，地位僅次於行政主廚）。以新鮮當季的優質食材，料理出有質感的美食，呈裝料理的盤具還配合藝術視覺感，更能在用餐時享受獨特的河岸景色。

不僅料理賞心悅目、風味雋永，服務人員更是親切有禮、細心專業，想來此用餐記得事先預約。

型男廚師Mr. Onik歡迎大家來此用餐，你的肯定與讚賞，將成為他來到布拉格定居生命中最美味的決策，若喜愛他為你精心製作的料理，千萬別害羞、不吝給予讚美，並請他在你的旅遊書上簽名哦！

跟著玩家逛街購物去

到底新城區可以買到什麼呢？一般的服飾、商店不稀奇，最好是可以結合你全部欲望、一次滿足的地方，才可以讓你有效運用旅途中的購物時光，在這個裝飾藝術達到極致高峰的城市，荷包是你的本錢，時間是你的奴隸，撥撥秀髮、捲起衣袖，豪邁地血拚去吧！

玩家情悄話

可搭配以下的店家順序逛街，兼具順路及事半功倍的效果哦！

非去不可購物商場（Myslbek）

沒有太多自由時間在布拉格逛街購物嗎？這裡是新城區最快速方便的購物地點，你可以在此好好選購各式知名歐式品牌服飾、鞋包，位於一樓，醒目又時尚的H&M、GANT，包準你逛到樂不思蜀還嫌時間不夠，暢快在此一網打盡當季與過季各種商品。

逛累了、餓了，還可以在一樓或二樓的果汁吧、咖啡吧、壽司餐館解解渴、填填肚，千萬別錯過這個必來的購物中心。參觀完慕夏博物館後，順路走到這裡，實在太方便了！

地 Na Příkopě 19
時 週一～六8:30-22:00
週日10:00-19:00

右｜Myslbek旁邊與斜對面是電影《不可能的任務》（Mission: Impossible）中，阿湯哥與軍火販麥克斯預訂碰面的地方，他搭上麥克斯手下開來的車並被蒙眼，車子從此處駛向麥克斯的巢穴……

不唸巴塔的「巴查鞋」（Baťa）

帶一雙巴查鞋幾乎是台灣朋友到捷克的既定任務，這家位於瓦茨拉夫廣場的Baťa，可是歐洲區最大的Baťa旗艦百貨商場，裡面販售多類Baťa商品，包括鞋子、包包、皮件……另外也提供其他國際品牌的運動、休閒鞋款。

選購鞋子時，請試穿後多走幾步，實際親身感受此鞋的貼腳度，歐洲鞋款版型與亞洲人略有不同，或許歐洲人穿起來舒適，但不代表身為亞洲人的我們也合適，慢慢地試穿、選擇，才能真正買到一雙屬於你的完美鞋子哦！

地 Václavské náměstí 6

時 週一～六9:00-21:00，週日10:00-20:00

全捷克最大的玩具店「哈姆雷」（Hamleys）

地 Na Příkopě 14
時 週一～日10:00-20:00
$ 約199 CKZ起

1760年哈姆雷玩具店在倫敦成立，這間玩具店創辦人的夢想是擁有世界上最好玩的玩具店，他的玩具是如此琳瑯滿目且新奇有趣，帶給孩子們無數的笑聲與歡樂。

2016年哈姆雷選擇位於最神祕美麗的布拉格做為中歐最大的玩具店地點，走進店裡你肯定會被這裡的歡樂氣氛感染，熱情的店員與眼花撩亂的玩具，除了販售時下最熱門的玩具，還有捷克的本土玩具，都能在這裡找到。

說這裡是個玩具店還不如稱它是座遊樂場，室內有一座華麗的旋轉木馬、一個巨大的溜滑梯、一座刺激的迷你賽車場、一個奇幻的樹屋遊戲區，休息區還有大型布偶熊與你做伴，即便你已不是孩子都能被勾引出內心的童稚。

玩具的存在是為了讓生活更有樂趣，想為自己或小朋友帶個玩具回家嗎？進來哈姆雷看看吧！

43
PRAGUE
H4M L3Y5

繽紛逗趣生活創意家（Pylones）

Pylones起源於1985年的巴黎，由一群年輕的設計師創立，他們將生活上的小創意落實在作品上，大量運用乳膠來製造這些生活小物。由於頗受年輕人的喜愛，已在布拉格市中心擁有3家分店，位於28. října之分店則是空間最大、品項最齊全的。

地 28. října（最大分店）、Celetné 11、Karlova 22
時 週一～日10:00-20:00
$ 290 CKZ起

走進店裡後，你會受到愉快與好奇的衝擊，任何你想得到或想不到的生活智慧都能變成可愛逗趣的商品，繽紛亮麗的色彩、幽默奇異的創意，讓人不自覺噗嗤地笑出來。

拿了牠身上迴紋針會啾啾叫的小鳥、可愛娃娃的裙子是刨絲工具、性感娃娃的頭髮是化妝刷子、俏皮娃娃的澎髮是沐浴球、時尚的娃娃打開後是一把傘、臘腸小狗的頭是劃派的器具、長著翅膀的馬克杯、幫忙擋住碰碰作響門聲的企鵝、大喊好熱的蛇嘴隔熱手套……如果沒有大叫：「好可愛！」，可能會讓人得內傷。

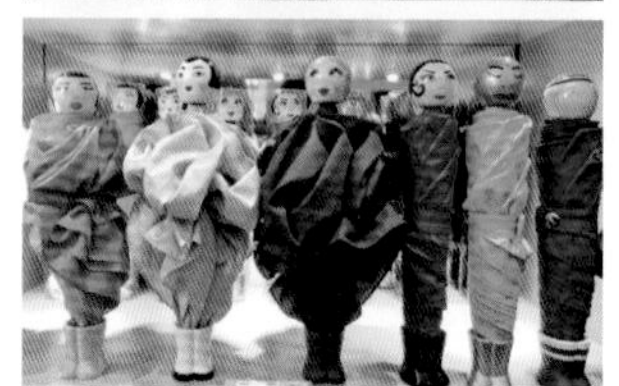

搖滾小巨星服飾店（Little Rock Star）

成立於2010年的搖滾小巨星，創立的精神在於他們認為熊、兔子……等可愛的圖案並不適合每個嬰兒與孩童，也許嬰兒繼承了搖滾父母的天性，他們應該也會喜歡超酷的打扮，能更加激發孩子的個人風格，他們的名言是：即使小孩也有風格和意見。

這裡的童裝全都是Made in Czech，採用高質感的棉料，既耐洗又不刮傷孩童稚嫩的肌膚，於是在布拉格擁有一群忠實的家長顧客，也上過各媒體的專訪。不僅販售孩童衣物，還有親子裝可以選擇，T恤還會印上各種反應孩子的心情字句：「不要觸摸我」、「不要問，我是個女孩（男孩）」、「我致力於新文化」、「我爸爸比你的爸爸更強」……非常地幽默逗趣！

除了一般的圍兜兜、T恤，還有睡衣、裙子、包包、洋裝……等選擇哦！

地 Francouzská 11
時 週一～五10:00-18:00
$ 圍兜兜約170 CZK起
T恤約280 CZK起

跟著玩家喝咖啡、嚐點心、上餐館

眼花撩亂的新城區擁有多不勝數的餐館，誠如玩家先前在舊城區所叮囑的，不一定得迷戀廣場上的浪漫想像情節，多數廣場上的餐館價格高昂且口味普通，有時候還會遇上不肖的服務生草率計算結帳金額。

你可以在廣場上點一杯咖啡，滿足悠閒輕鬆的感受，但玩家喜歡走進捷克生活圈品嚐咖啡，如果你願意，請跟著玩家的腳步與順序走進街頭巷尾，品嚐價格合理與平實的美味料理與甜點吧！

繽紛美味大對絕的「法國大道BB」（Bageterie Boulevard）

地 Na Příkopě 2
時 週一～日8:00-23:00
$ 法式三明治79 CZK起
花園小沙拉39 CZK起
時令冰茶49 CZK起

2014年開始在布拉格迅速崛起並擴展分店的法式快捷餐館「法國大道BB」，以多樣化、新鮮美味成為布拉格人的新寵。

不僅配色繽紛且簡約美味的甜鹹式限定早餐，深受上班族的青睞，還有全日提供的烤法式長棍堡、蔬菜和水果沙拉、濃湯、藍莓和巧克力馬芬、雞蛋薄餅、100%新鮮果汁、特調冰茶……讓人看得眼花撩亂，每種都想嚐上一口。

雖說是速食餐館，但和麥當勞不同的是，以脆皮法式長棍麵包為基底，夾入新鮮肉類與蔬果，抵制組合肉餅，每三個月推出一種新口味，每一季推出季節性菜單。雖然是一家專為繁忙城市人設計的

上左｜法式長棍堡──卡普雷塞&烤馬鈴薯塊&花園沙拉&每日例湯&冰茶

上中｜法式長棍堡──燒烤肋排肉佐荷蘭乳酪片

上右｜雞蛋薄餅──蘋果核桃佐鮮奶油

下｜露天餐座

快捷餐廳，卻不接受「匆忙」的妥協，希望讓每個人在鼓舞歡愉的環境中享受均衡與健康，BB所要傳達的是：「我們不是快餐，我們是美食家！」

即使位於新城廣場一隅，但它平實的價位，就是要讓你驚呼：「在廣場區域用餐也可以健康飽足、高貴不貴！」

玩家說故事

據說，BB起源於1940年，這一切就從納粹佔領巴黎期間說起，該城市遭受了全面性禁止報紙出版和關閉所有報紙編輯部的禁令，對於大多數記者來說，這意味著失業和需要尋找新的生計。皮耶（Pierre Miette）、法蘭克斯（Francoise Beurre）這兩位記者，曾任職於一家小型報社JOURNAL DHIER，失去記者工作後，索性就在附近的一間麵包店上班。

記者的天性依然存在，他們專心地聽取顧客對新鮮糕點的評論、關於這個城市的最新發展、來自每個人不同的故事，由於無法忘卻於傳遞資訊的使命，他們創造了一台原始型印刷機器，由一個油墨托盤和單字模具組成，在麵包店打烊後進行簡要書寫、手動打印，將短篇文章、二手消息和小軼事印在小小的包裝紙上，藏捲於長棍麵包內，人們喜歡他們俐落的風格，包裝紙成為當地人唯一增進新資訊的來源。

二戰後，這兩位記者開設了編輯辦公室，1946年1月1日發行了第一期單頁報紙，由於不尋常的格式與版型，斗大的標題和使用的詞語數量非常有限，被認為是新流派的首位代表。

而他們曾工作的這間麵包店也在此時命名為Bageterie Boulevard，因為它位於兩條寬闊街道的拐角處。

來自法國的烘焙美味明星「保羅」（PAUL）

歡迎光臨PAUL！這個品牌起源於法國家庭喜愛的麵包，這裡不僅提供可口的烘焙食品，PAUL的第四代傳人馬克西姆更提出：「我們的目標是出售法國的生活藝術」。

PAUL原本在布拉格只有一家店，看準捷克的經濟紮實，加上布拉格民眾的反應不錯，在2012年起，如雨後春筍般迅速在布拉格拓展到13家分店。

地 Václavské náměstí 42

時 週一～五7:00-22:00
週六～日8:00-22:00

$ 烘焙、甜品約45 CZK起

薦 水果餡餅、閃電泡芙、迷你馬卡龍、乳蛋餡餅、鹹三明治

上｜每年的聖尼古拉斯節還會推出聖人造型麵包，把聖人吃進肚子守護你一整年。

下｜像這樣一套豐富的豐富甜點，100 CZK有找，在捷克品嚐只要台灣的一半價格以內。

上左｜PAUL會運用當地時令水果，組合出獨特的限定產品。推薦女孩們來個水果餡餅，低脆度餅皮有著誘人的奶油色澤，鋪在餡餅上的是鮮潤欲滴水果，散發著光澤與甜蜜的質感（全年推出覆盆子、檸檬口味，還有時令水果限定口味）。淡淡的香草奶油平衡了清爽的水果酸甜，味蕾中交疊著淡奶與果漾的餘香，還有巧克力口味哦！

上中｜鹹口味三明治，豐富的餡料與鮮美的配色，讓午餐時光能健康兼輕鬆帶著走。

上右｜價格合理又美味的馬卡龍杏仁餅，是由完美比例和經典配方研製而成，分明且細膩的口感在舌頭上溶開，能瞬間嚐到隱藏其中的四季甜蜜滋味，推薦你購買六個一組的盒裝馬卡龍，不僅內含多種口味，還可帶回台灣。

在此享用午茶或晚茶，感受舌尖上的美好時光，所有的烘焙食品不僅是當日新鮮製作，而且每一樣烘焙品在櫥櫃裡都待不超過一小時，快速的流動率與熱門的銷售量，是維持良好口感與新鮮度的關鍵，重點是，在捷克享用PAUL，價格真的很親民！

閃電泡芙（Éclair），起源於十九世紀，因為它一上桌就會被快速吃光（一閃而過），故以此命名。

我需要咖啡！角落咖啡坊（I Need Coffee）

一間位於街道轉角的咖啡廳，它的名稱令人感到莫名愉快，店內的裝潢清爽而明亮、溫暖而俐落。輕木櫃檯與凳子、水泥地面、裸露的拱形天花板、黑板牆、日光藝術燈，四面牆都有窗戶，自然光線從窗外照射進來，是典型的北歐風格，是這區域上班族辦公或午休時段經常光臨的祕密基地，深受好評。

地 Moráni 7

時 週一～五8:00-20:00
週六10:00-17:00，週日公休

$ 咖啡約39 CZK起

窗外與櫃台擺放著幾盆香草植物，年輕的老闆娘言談中散發出對咖啡的熱忱，友

善的態度從你步入店裡的那刻起就迎面而來，櫃台上平價的點心、蛋糕、餅乾，都是當日、當季手工限量，搭配香醇的咖啡再絕配不過！

溫馨幽默的「魔鬼餐館」（Restaurace U Bulínů）

別害怕！沒有任何魔鬼會出現嚇你，一走進餐館裡迎面而來的是暖暖家庭氛圍，復古磁磚與木材呈現出濃濃的復古情懷，米白、粉紅柔和的顏色相互交替著，天花板上貫穿鐵風管，燈光從鋼管鍋爐罩中流瀉出來，牆上掛的每幅畫，主角的頭上都有魔鬼角，餐桌上的餐紙印有童趣食物和刀叉圖案，菜單夾在厚實的煙燻木板上，每個座位都佈置得很精心。

餐館的前身曾是二十世紀的餐館，因此還在遺跡中發現當時的廚房及個人用品，於是角落幾隅還收藏著當時的古董級器具和用品……

地 Budečská 2
時 週一～日11:00-23:00
$ 前湯約79 CZK起
肉類主餐約199 CZK起
甜點約99 CZK起
薦 燉牛肉餐點、烤肋排、蔬食漢堡

餐館裡各處都是暖暖家庭氛圍。

隨著當季食材變化的料理，多到令你陷入點餐的難題中，每樣都是驚奇的選擇。

左 | 進餐館後，馬上享用一杯皮爾森直送啤酒，明亮的色調裡充滿輕快的氣泡，在嘴裡奔騰跳動的滋味，釋放平日裡壓抑的鬱結，它像一股全新的能量，瓦解所有負情緒，讓感官與心靈重生了！

中 | 「蜂蜜醬烤肋排」紅通通的肋排色澤考驗上桌後你的忍耐極限，烤到微焦香的外表，咬下一口後是細嫩多汁的內在，無論是搭配上清爽優格醬，或搭配重口味的烤肉醬，都能讓你一飽食肉慾望。

右 | 蔬食主義的你來份「蔬食漢堡」吧！烤到外酥脆而內鬆軟的手工麵包，中央夾著口感軟Q的彩色烤蔬菜，淋上特調酸甜奶酪醬，搭配現炸金黃馬鈴薯條，不咬嘴、不乾舌的健康漢堡餐，既享受得到繽紛鮮甜蔬果，還能品嚐到超想大口咬下漢堡的激動感，即使沒有添加肉類也不會覺得缺乏口感哦！

服務生親切有個性，廚房裡乾淨整潔，夜晚的餐桌上總是點起一盞蠟燭，空間中流竄輕鬆、溫馨的分子，深受當地人的喜愛，用餐時段總是坐滿老顧客，就連上班族也會在下班時來此小酌或用餐。

耐心而友善又超酷的餐館服務人員Luboš（右圖）、Peter、Jiři，將令你感受到如沐春風的用餐時光。

魔鬼餐館的桌上刀叉，都是服務人員戴著手套擺好的，很特別的是，當你有點湯品時，他們會戴著手套把湯匙遞送給你。用餐時，服務人員會不斷巡視你是否有任何需求，氣質型男老闆也經常在外場親力親為送餐及服務。

不只服務周到，這裡的餐點更是無敵迷人，請慢慢品嚐廚師的用心，完全會打破一般人對捷克料理死鹹的迷思，無論是視覺、嗅覺和味覺都滿足了，是你來到布拉格絕不會忘記的美味餐館之一。

玩家悄悄話

你知道一間優秀的餐館如何初步輕易鑑定嗎？請在上菜後用手摸摸碗盤外底部，還有刀叉，如果它們都是乾淨且不油膩的話，那麼代表這間餐館很注重清潔，這是餐飲界最重要的一環。魔鬼餐館的桌上刀叉，都是服務人員戴著手套擺好的，廚房總是乾淨整潔。

玩家不喜歡老是去別人推薦的商業化餐館，而是喜歡尋找有感覺、有溫暖、有傳統、有意義的餐館，這個美味而有感情的餐館與料理，是玩家長久以來最美麗的存在。

玩家好眠住宿指南 

寬廣而充滿活力的新城區，是布拉格當地人辦公與住宅的區域，這裡有許多時尚旅館及居家型公寓，不僅交通便利，生活機能也很強，文教感更是濃厚。不喜歡過於空間擁擠、步調緊湊的氣氛嗎？入宿這裡是不錯的選擇哦！

時尚新穎伽利略旅館（Hotel Galileo）

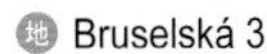

Ⓜ地 Bruselská 3
Ⓢ 標準雙人間
淡季約55 €起
旺季約92 €起
（含早餐）
網 www.hotelgalileoprague.com

旅館位於布拉格二區辦公住宅區，一踏入接待玄關迎面而來摩登氣息，新穎的空間感讓人開始放鬆，房間裡明亮而乾淨，還備有咖啡和茶具，旅館人員親切有禮，早餐豐富有變化，旅館致力於讓房客擁有安靜的入宿經驗，強調為房客打造一個優雅而舒適的環境。

步出旅館外約一～二分鐘300米就有電車站，距離旅館約三～四分鐘步行處還有一個長型公園，每星期有三～四天有市集，附近有小超市和餐館，交通堪稱方便，是一間鬧中取靜的旅館。

近新城廣場的清新公寓（Pragapart）

地 Krakovska 17
Ⓢ 一臥室公寓
淡旺季約67 €起
（公寓式無早餐）
網 www.pragapart.com/en/welcome/

這是一間乾淨又具捷克居家感的溫馨公寓，距離瓦茨拉夫廣場僅有300米，座落在一棟20世紀初的建築內，距離地鐵A、C線的Muzeum站也超近，附近也有警察局，治安頗好。

老闆友善親切，公寓裡電器傢俱一應俱全，還附私人廚房，乾淨又明亮的室內空間，讓人一回到這裡就有家的感覺。

注意

這裡沒有電梯，若你有大行李，要辛苦一下嚕！因為是公寓式所以沒有提供早餐的服務，但你可以在聖瓦茨拉夫廣場旁的超市Supermarket Albert購買食材，體驗在異國準備早餐的悠閒時光。

交通絕佳便利的青年旅館（Hostel Downtown）

這間青年旅館位於國家大劇院附近，雖然是青年旅館，但卻擁有水準之上的住宿品質，還提供亮麗的共用廚房，可以體驗在異國自製早午晚餐的難得時光。房間裡的色調清爽，還佈置木頭或地毯地板，頗溫馨舒適。

有24小時接待櫃檯，不僅櫃台人員很友善親切，最特別的是，特殊的假日時還會舉辦活動，例如：烹飪或夜間旅行團⋯⋯。走出旅館外步行約三分鐘就有電車站，搭乘電車一站就到Tesco超市了，入夜時，想欣賞伏爾塔瓦河夜景超級便利，步行至卡爾大橋僅約十來分鐘。

地 Národní 19

$ 附私人衛浴雙人房
淡季約48 €起
旺季約83 €起
（早餐5 €；有國際學生証還可享折扣）

網 www.hostel-downtown.cz/

注意

不建議預訂男女混宿的單人床位，不僅衛浴共用不便，也須考量財物與自身安全，出門在外旅行還是小心為上。另外，規定早上10:00就要退房了！

布拉格加碼
好盡興活動指南

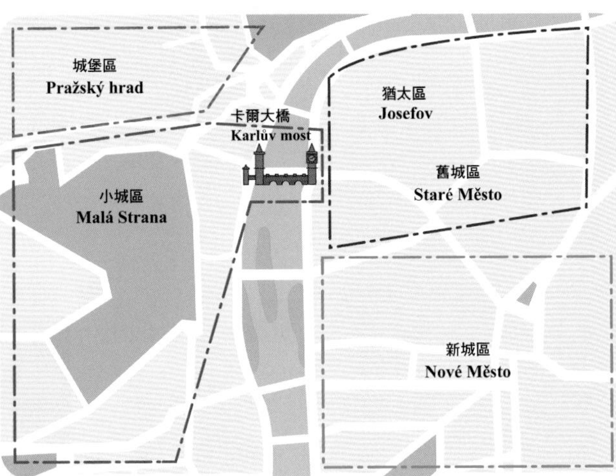

布拉格藝術、音樂表演

在布拉格的旅行日子裡，除了白天遊歷數不盡的人氣景點外，還有許多不浪費夜晚繼續利用寶貴時間的活動，如果你的體力旺盛，立志把握每分每秒的旅行時光，可以選擇參與以下額外推薦的經典活動，保證使你這趟捷克旅行發揮到最佳效能，不留下一絲遺憾。

⚜ 推薦黑光劇、木偶劇資訊

捷克木偶質感堪稱世界有名，捷克木偶劇表演更是來到布拉格不能錯過的，生動逗趣、栩栩如生的小木偶，在台上幾乎活了起來，這一切都要拜布拉格木偶學院畢業的操偶專家所賜，他們精湛靈活的手指技巧不可小覷。建議你在看表演前先瞭解木偶劇的內容和故事，這樣能令你更融入現場的氛圍和劇情，才不會前十分鐘看得津津有味，而新鮮感一過就無聊想睡覺。

至於黑光劇表演，是以黑色的背景、複雜的服裝、眩麗的螢光效果，使舞者和物體懸浮，製造出視覺上的驚奇感，再搭配劇情與音樂，就像經歷了一場精彩的夢境，不真實卻又難忘。建議你選一場符合你期待的黑光秀，以免對沒有台詞的表演感到乏味。

- **國家木偶劇院（Muzeum loutek）──唐．喬凡尼**

  地址：Karlova 12（舊城區查理街上，國家黑光劇旁）

  價格：約590 CZK

- **國家黑光劇院（Ta Fantastika）──愛麗絲夢遊仙境**

  地址：Karlova 8（舊城區查理街上，國家木偶劇院旁）

  價格：約720 CZK

愛麗絲小姐

國家木偶劇院（Muzeum loutek）—唐・喬凡尼

黑光劇門口與場景

想欣賞布拉格國家黑光劇院的表演嗎？

玩家很榮幸訪問到國家黑光劇院的現任負責人老闆Petr Kratochvíl，他本人既親切又熱情，提到曾移師前往上海及日本表演，對台灣朋友的印象也很好。

如果你能在此幸運遇上老闆，再加上他當天心情也很好，那麼你就有機會「以優惠價格欣賞黑光劇」囉！

1. 到黑光劇的辦公室直接尋找老闆Petr Kratochvíl，並問好。（不是走到左手邊的售票處哦！）

左｜老闆Petr Kratochvíl　中｜左手邊的售票處（僅出售正常票價）
右｜右手邊的黑光劇辦公室（有機會得到老闆優惠價）

2. 在老闆面前秀出他的帥照，並將玩家的書翻到此介紹，再告知來自台灣。

3. 詢問老闆可否給你優惠價，千萬不要害羞詢問，老闆欣賞熱情又有禮貌的旅人喲！

如果對優惠價格不滿意，或需要再考慮，老闆也不會勉強，你可以直接走出來，老闆依然笑笑謝謝你的蒞臨哦！

與玩家同遊布拉格的台灣朋友們，與老闆留下美好的回憶。

・奇幻黑光劇（BLACK LIGHT THEATRE OF PRAGUE）——迷幻之旅

地址：Rytířská 31（距哈維爾自由市集約147米）

價格：約490 CZK、550 CZK兩種座位區

⚜ 推薦教堂音樂會資訊

你不一定會在「布拉格之春」音樂季來到布拉格，也不一定有機會參與正式的音樂盛會，但千萬不要感到遺憾！布拉格各處都能一解你的音樂癮，精彩程度絕不讓你睡，音樂會中的音樂家們幾乎畢業於布拉格音樂學院，對音樂的熱忱、樂器的技法，你絕對能從他們表演時的投入與熟稔，深刻感受。

音樂會曲目設計也都是大眾耳熟能詳、來捷克必欣賞的名音樂家之作哦！

・克拉姆葛拉斯宮

特殊節慶會舉辦音樂會及展覽，如果遇到這種可遇不可求的機會千萬不要放過。

・聖尼古拉斯教堂

無論是舊城區或小城區的分堂，迴響效果與演出水準都相當好。

上、中｜記得拿張曲目表，作為參考的依據。

下｜克拉姆葛拉斯宮

左｜舊城區　右｜小城區

・克萊門特教堂群

聖克萊門特大教堂、聖薩爾瓦多教堂、聖母瑪利亞教堂（曾以義大利語傳教，故又有義大利教堂之稱）、克萊門特學院（內有聖楊內波穆克教堂、鏡子教堂），因曾隸屬為天主教派的教堂，各擁有絕倫非凡的華麗裝飾。

其中以鏡子教堂最為繁複精緻，巴洛克式風格，內牆和拱門運用大量的鏡子裝飾。

上｜聖薩爾瓦多教堂　下左｜聖母瑪利亞教堂　下右｜鏡子教堂

・聖法蘭西斯教堂

位於伏爾塔瓦河右岸，在卡爾大橋的東側，巨大又顯目的四十米高石砌建築體、青銅圓頂是它的主要特徵，十三世紀中葉曾是哥德式教堂，在十四世紀後期因遭受火吻而燒毀，於十七世紀末期以巴洛克式教堂重建。

教堂裡主祭壇右方有布拉格第二古老的巴洛克管風琴，提早買票可預選座位。

教堂面對十字騎士廣場，廣場上佇立著卡爾四世雕像，這裡飄散著秀麗明朗感，吸引許多觀光客駐足流連。值得一提的是，這裡也是電影《騙行無阻》（The Brothers Bloom）中的拍攝場景之一哦！

注意

以上教堂的交通資訊，在舊城、猶太區篇「跟著玩家打卡逛景點」均有詳細介紹，玩家建議提前購票以免向隅；價格約550-750 CZK，售票員會視人數給予固定優惠，在捷克是嚴禁主動殺價的哦！

聖法蘭西斯教堂

⚜ 推薦遊船資訊

想像站在甲板上迎著風，用巡航的方式與伏爾塔瓦河以最親近的方式接觸，讓伏爾塔瓦河為你指引方向，為你呈現沿岸的景致風光，享受布拉格的歷史遺跡，避開熙熙攘攘的街道，船隻甚至能深入卡爾大橋下的康帕島溪流中，帶你划過神祕而美麗的屋舍與工坊，無論午后或夜晚，你都能體驗不同的布拉格風情與面貌。

・JAZZ BOAT

位置：五號碼頭的契胡夫橋（Čechův Bridge）

網頁：www.jazzboat.cz

價格：船票週日～隔週三690 CZK起，週四～週六790 CZK起，窗戶坐位加收100 CZK，三道式晚餐370 CZK起

特色：遊普通的小船可不新奇，搭乘爵士樂遊船才是一種極特別的另類選擇，在夜晚時將伏爾塔瓦河（Vltava）的兩岸迷人風光深藏眼裡心底，更能將歷史悠久的景點一覽無疑，還能享受到當地最好的爵士樂演奏，再搭配船上浪漫的晚餐服務，絕對是求婚或蜜月的浪漫殺手鐧。

玩家悄悄話

每天晚上20:00登船，20:30開船，航程2.5小時，登船時會附上迎賓飲料，開啟你愉快旅程的初步嚮往、第一美好印象，工作人員更是非常友善與熱情哦！

・BOAT TRIPS

布拉格四個區域，提供遊船服務的登船位置：

①卡爾大橋前：位於「十字騎士廣場」（Křižovnické náměstí）

②卡爾大橋下：位於卡爾大橋下「康帕島區」（Na Kampě）

③新城區跳舞房子前的河岸橋下：位於「耶拉斯胡夫橋」（Jiráskův most）

④近猶太區河岸橋下：位於「捷赫胡夫橋」（Čechův most）

價格：約200-680 CZK起

特色：你可以在這幾個區域找到許多私人經營的遊船服務，布拉格沒有誇張的推銷手法，也不會扯開嗓門大聲吸客，船家之間彼此尊重、不

惡性競爭，大船有大船的氣派，小船有小船的俐落，無論你的選擇是什麼、預算有多少，只要仔細詢問遊船路線與服務項目，都能完成心底的遊船夢。

搭乘著船穿越城市中心，船身劃過溫柔的河水，站在甲板上感受微風的吹拂與撩撥，你會嗅到屬於布拉格的輝煌芬芳。

有各式航行主題與航程、時段，提供多樣選擇。除此之外，記得留意船家的安全設備，一分錢一分品質！

以下提供在布拉格四個歷史悠久的遊船參考資訊、網頁：

- Karel Zeman Boat Trips 環保型太陽能艇（www.muzeumkarlazemana.cz/）
- Prague Boats 環保型太陽能和混合動力船（www.prague-boats.cz/）
- Prague Steamboat Company 蒸汽船（www.paroplavba.cz/）
- Boat Tours Prague Venice 各式船艇與貢多拉，黑人先生穿著手水服招攬遊船的河道行程。（www.prazskebenatky.cz/）

上左 | 環保型太陽能艇　上中 | 環保型太陽能和混合動力船　上右 | 蒸汽船　下左 | 各式船艇與貢多拉
下右 | 黑人先生穿著手水服招攬遊船的河道行程

布拉格郊區一日遊（City Tour）

如果你停留在布拉格的時間非常充裕，還想再多前往幾處更熱門經典的景點，玩家絕對百分之百支持你前往庫特納霍拉城鎮、卡爾斯坦城堡，這兩處都是布拉格郊區的著名景點。

如果你想精省旅行中的時間，玩家推薦你直接參加布拉格旅行團，不須煩惱交通與景點資訊，只要參加像這樣的「城市之旅」（CITY TOUR），不僅會有專車接送，還有當地捷克導遊與你同行，他們會以英文向遊客介紹這些重要景點，會在最精省的時間內讓你經歷一次獨特的旅行，等不及想趕快出發了嗎？

你會在早上到下午的時間看到很多拿著大傘的人，他們會站在舊城區的天文鐘下，或在新舊城定點站崗，這些拿著不同顏色的大傘是在招攬CITY TOUR的人員，若想參加他們的活動，你可以上前詢問、直接付款，接著就等待出發囉！

⚜ 庫特納霍拉（Kutná Hora）

上 | 聖雅各教堂（Prague Expert）
下 | 人骨教堂（Prague Expert）

庫特納霍拉（Kutná Hora），這個行程是最有名的熱門景點，經過一個小時的車程穿越過幾個鄉村後，你將抵達庫特納霍拉城，城裡的聖芭芭拉大教堂於1995年被聯合國教科文組織列入世界遺產。

在十三世紀末，因庫特納霍拉城鎮的銀礦儲量豐富，獲得銀礦開採權而成為當時捷克王國最突出及富裕的城市。在這趟旅程中，你能遊賞到最重要的中世紀和巴洛克風格古蹟，例如：前皇家造幣廠、聖芭芭拉大教堂、聖雅各教堂、聖母升天教堂、人骨教堂。

玩家推薦

你可以參加PRAGUE EXPERT TOUR OPERATOR的綠傘行程，每天早上十點會有拿著綠傘的人在天文鐘下召集團員，付費後當場出發；或者你也可以上網預訂；也可以請旅館員工幫忙代訂行程，隔天就會有小巴士來旅館外載你囉！回程一律在天文鐘下解散。

玩家貼心提醒：綠傘CITY TOUR是專辦庫特納霍納的老字號迷你旅行團，服務品質與專業程度均在水準之上，小有名氣，費用包含一位親切友善的導遊同行，各景點的入場票卷，還會帶往當地餐館享用三道式傳統午餐，全程5個小時，最後再附送你一片美景光碟，只花你1,290 CZK。

（詳細綠傘資訊：www.pragueexpert.com/en，線上預約享10%優惠折扣）

上｜聖芭芭拉大教堂（Prague Expert）　下｜前皇家造幣廠（Prague Expert）

⚜ 卡爾斯坦城堡（Hrad Karlštejn）

卡爾斯坦城堡（Hrad Karlštejn），在六百五十年前，卡爾四世重建此城堡用來保存王冠上的寶石和聖物，這個中世紀雄偉的哥德式城堡，佇立於風景如畫的茂密森林中，經過一小時的車程，你將從山下步行至山上，進入這個巨大而堅固的城堡。

玩家推薦

你可以參加MARTIN TOUR的城堡行程，他們在1990年成立，在布拉格CITY TOUR界小有名氣，你能到舊城廣場上聖尼可拉斯教堂旁的預訂點與他們預約行程，或在自由市集附近也有他們的預訂點（Melantrichova 2），預訂地點就是巴士發車地點哦！

夏令時間幾乎每隔一天就有團出發（週日、二、四、六），冬令時間只有週六、日才有團出發，費用中包含一位親切友善的導遊同行、城堡入內參觀，還有免費的蜂蜜酒試喝體驗，全程5個小時，只花你990 CZK。

（詳細活動資訊：http://martintour.cz/prague-tours-czech-sightseeing/en/trips-out-of-prague/karlstejn-castle）

布拉格另類創意活動（Special Tour）

布拉格總是為你多花一份心思，針對不同的喜好與期望，推出各式創意活動，你可以為這趟布拉格旅程選擇一個特別的焦點活動哦！

⚜ 啤酒敞篷自行車（Beer Bike）

雖說開車不喝酒、喝酒不騎車，不過現在布拉格隆重推出「啤酒敞篷自行車」（Beer Bike），你可以邊騎車邊喝著金黃甘醇的皮爾森啤酒，還能飽覽一整路的布拉格風光。

這個敞篷自行車不怕日曬雨淋，能打出每日最新鮮的啤酒，還附一位操控方向的酒保型男司機，他會超級清醒的為你打酒和導覽，車上還能播放你喜歡的音樂，天黑後會點亮LED閃閃燈飾，保證你的high度不降溫。

一路上還會貼心關懷你的膀胱，想上廁所沒問題，30L的啤酒隨你喝，如果你不想看到比你帥的型男酒保，還可以加碼一位美麗女酒保侍者隨行，不過未滿18歲可不能參加，若酒保司機發現乘客有任何不安全的行為，可以隨時中止行程，這麼優秀又深懂酒客的服務實在是太周道了！全程1.5小時，一車最多可容納15人，收費350 €。

（詳細活動資訊：www.beerbikeprague.cz）

⚜ 鬼魅之旅（Ghost Tour）

還有穿著死神袍子的人員，正在招攬「鬼魅之旅」（Ghost Tour），如果你對這種另類的活動有興趣，你也可以考慮神秘刺激的夜晚之旅哦！

1個小時左右的夜間漫步之旅，穿越布拉格充滿陰霾和幽暗的過去！導覽員將帶著你深入探索圍繞著舊城區、天文鐘、聖尼古拉斯教堂、卡爾大橋等地標，敘述著詭異離奇的傳說、令人毛骨悚然的事件、中世紀陰影般的人物，分享關於過往的血腥與秘辛。

遊走在狹窄的鵝卵石街道，穿梭於舊城區陰暗巷弄角落，在微黃街燈下，煉金術士的金色粉末隱約夾藏在石縫間，照耀著神秘的前方、閃鑠著迷離的目光，有些驚悚又帶點刺激……

請放心！沒有人會跳出來試圖驚嚇你，導覽員將專注於為你說故事，而不是利用特殊效果或廉價技巧，營造可怕的氤氳，你的旅程將安全地在舊城廣場結束。

玩家推薦

你可以參加McGee´s Ghost Tours的鬼魅之旅，他們成立於2007年，是布拉格首創鬼魅之旅的先趨，曾於2009年協助美國節目《國際幽靈獵人》（Ghost Hunters International）研究兩個鬼魅傳說遺址並拍攝、2010年美國電視節目《鬧鬼現場》（Most Haunted Live）的布拉格拍攝中，現場講述舊市政廳的歷史和傳說。

導覽員各個友善親切，對超自然事件充滿熱忱與深入研究，不僅熟知且隨時精進布拉格傳說與歷史，導覽員將提著油燈、帶著旅人尋找冒險和秘密，你還能提出疑問與他們討論呢！

有四個鬼魅之旅主題可以選擇參加，最熱門的「舊城區鬼魅與傳說」，天天都有導覽（夏季時間21:00、冬季時間19:00），全程約75分鐘，收費15 €。

（詳細活動資訊：http://www.mcgeesghosttours.com/）

國家圖書館出版品預行編目資料

布拉格歷險趣 / 林小薰著
-- 初版 -- 臺北市：瑞蘭國際, 2018.08
208面；17×23公分 --（PLAY達人系列；09）
ISBN：978-986-96580-1-0（平裝）
1.旅遊 2.捷克布拉格

744.3799　　107009011

PLAY達人系列 09

布拉格歷險趣

作者｜林小薰・責任編輯｜鄧元婷、王愿琦
校對｜林小薰、鄧元婷、王愿琦

封面設計｜林小薰、余佳憓・版型設計、內文排版｜余佳憓
美術插畫｜林士偉、余佳憓

董事長｜張暖彗・社長兼總編輯｜王愿琦
編輯部
副總編輯｜葉仲芸・副主編｜潘治婷
文字編輯｜林珊玉、鄧元婷・特約文字編輯｜楊嘉怡
設計部主任｜余佳憓・美術編輯｜陳如琪
業務部
副理｜楊米琪・組長｜林湲洵・專員｜張毓庭

法律顧問｜海灣國際法律事務所　呂錦峯律師

出版社｜瑞蘭國際有限公司・地址｜台北市大安區安和路一段104號7樓之1
電話｜(02)2700-4625・傳真｜(02)2700-4622・訂購專線｜(02)2700-4625
劃撥帳號｜19914152 瑞蘭國際有限公司
瑞蘭國際網路書城｜www.genki-japan.com.tw

總經銷｜聯合發行股份有限公司・電話｜(02)2917-8022、2917-8042
傳真｜(02)2915-6275、2915-7212・印刷｜科億印刷股份有限公司
出版日期｜2018年08月初版1刷・定價｜380元・ISBN｜978-986-96580-1-0

瑞蘭國際

瑞蘭國際

瑞蘭國際